Benedikt Sepp

Linke Leute von rechts?

Benedikt Sepp

Linke Leute von rechts?

Die nationalrevolutionäre Bewegung in der Bundesrepublik

Tectum Verlag

Benedikt Sepp

Linke Leute von rechts?
Die nationalrevolutionäre Bewegung in der Bundesrepublik

ISBN: 978-3-8288-3235-0

Umschlagabbildung: Aufkleber (farblich bearbeitet), abgedruckt in: „Rebell" 3 (1973), mit freundlicher Genehmigung des Duisburger Instituts für Sprach- und Sozialforschung, siehe auch im Buch S. 116
Druck und Bindung: CPI buchbücher.de, Birkach
Printed in Germany

Besuchen Sie uns im Internet
www.tectum-verlag.de

Bibliografische Informationen der Deutschen Nationalbibliothek
Die Deutsche Nationalbibliothek verzeichnet diese Publikation in der Deutschen Nationalbibliografie; detaillierte bibliografische Angaben sind im Internet über http://dnb.ddb.de abrufbar.

Inhalt

1. Einleitung ... 7

2. Die nationalrevolutionäre Bewegung in der Bundesrepublik ... 13
Das rechtsextreme Lager in der Nachkriegszeit ... 13
Entstehung einer „Neuen Rechten“ (1964-1968) ... 16
Die nationalrevolutionären Basisgruppen (1968-1972) ... 22
Organisation und Koordination ... 22
Protagonisten der nationalrevolutionären Bewegung ... 24
Die „Aktion Neue Rechte“ (1972-1974) ... 29
Die Sache des Volkes/Nationalrevolutionäre Aufbauorganisation (SdV/NRAO) (1974 - 1980) ... 31

3. Die politische Theorie der Nationalrevolutionäre ... 35
Logischer Empirismus als nationalrevolutionäre Erkenntnistheorie ... 35
Das biologistische Menschenbild ... 38
Der Mensch als Triebwesen ... 38
Die Einteilung in Rassen ... 42
Nationalismus als Grundlage einer neuen Gesellschaftsordnung ... 45
Progressiver Nationalismus ... 45
„Befreiungsnationalismus“ und internationale Solidarität ... 48
Kulturrelativismus und „Ethnopluralismus“ ... 51
Das „Okzidentale Syndrom“ ... 55
Europäischer Nationalismus ... 58
Sozialismus ... 60

4. Selbstverortungen der Nationalrevolutionäre ... 67
Traditionskonstruktion ... 67

Ideologische Vorbilder.... 71
Distanzierungen und Abgrenzungen 74

5. Der Habitus der Nationalrevolutionäre 83
Begriffsklärung 83
Der „linke“ Habitus der Nationalrevolutionäre 87

6. „Linke Leute von Rechts“? 107

Abbildungen 115

Quellen- und Literaturverzeichnis 117
Quellen 117
Literatur 125

1. Einleitung

> „Die Neue Linke kam mit einem Paukenschlag, der alle aufhorchen ließ. Durch jene Tür, die sie aufbrach, trat jedoch noch eine zweite Erscheinung - lautlos wie auf Katzenpfoten. Dies war die Neue Rechte (...) Wer sie überhaupt wahrnahm, hatte den Eindruck, als glitte ein Schatten der Neuen Linken vorbei. So blieb die zweite Erscheinung verborgen, an einen Hintergrund gelehnt, von dem sie sich kaum abhob. Das war jedoch eine Sinnestäuschung"[1].

Mit diesen dramatisch anmutenden Metaphern begann der Historiker Günter Bartsch seine Studie über eine politische Strömung, die zum Zeitpunkt der Abfassung seiner Worte gerade erst ihre ersten organisatorischen Gehversuche gemacht hatte und bereits einige Jahre später in der Bedeutungslosigkeit verschwunden war. Die Ereignisse und Umbrüche der politisch und kulturell unruhigen 60er und 70er Jahre, die unter linken Fahnen die Bundesrepublik bewegten - die Studentenbewegung, die Außerparlamentarische Opposition, das Aufkommen der Neuen sozialen Bewegungen - lenkten die Aufmerksamkeit schon der zeitgenössischen Betrachter auf die Entstehung und Emanzipation der unter dem Begriff „Neue Linke" subsummierten Bewegungen, die sich von Sozialdemokratie und Realsozialismus losgesagt hatten[2]. Die Absage an etablierte Ideologien, das Abschneiden alter Zöpfe und die Suche nach neuen Wegen, die zusammen das übergeordnete Motiv des Generationenkonfliktes in der Gesellschaft bildeten, spiegelten sich somit innerhalb der Linken wider.

Europaweit kam es jedoch ebenfalls auf der extremen Rechten zu Umbrüchen. Ende der 60er Jahre hatte sich bei Teilen der Generation deutscher Rechtsextremisten, die den Nationalsozialismus dank der „Gnade der späten Geburt" noch nicht bewusst erlebt hatten, ein Gruppenbewusstsein entwickelt, das im Schlagwort der „Neuen Rechten" in Abgrenzung zur „Alten Rechten" seinen Ausdruck fand. Zwar hatten sich einzelne rechte Intellektuelle schon seit den 50er Jahren Gedanken über die Konzeption eines „Neuen Nationalismus"[3] gemacht, zu einem als solchen wahrgenommenen personellen und ideologischen Generationenkonflikt innerhalb des rechten Lagers kam es jedoch erst gegen Ende der 60er Jahre.

---

1 Bartsch, Günter, Revolution von Rechts?, Freiburg im Breisgau 1975, S. 13.

2 Kailitz, Steffen, Politischer Extremismus in der Bundesrepublik Deutschland. Eine Einführung, Wiesbaden 2004, S. 88.

3 Ebd., S. 84.

Unter der Selbstbezeichnung „Neue Rechte" begannen die jungen Rechten in dieser Zeit, ihre Konzepte einer zeitgemäßen rechten Position zunächst in Diskussionszirkeln, später in neu gegründeten Publikationsorganen und Organisationen zu entwickeln und nach außen hin zu vertreten. Schon bald entwickelten sich auch innerhalb dieser Gruppe verschiedene ideologische Richtungen. Als in den folgenden Jahrzehnten am bedeutendsten sollte sich dabei insbesondere die Strömung erweisen, die an die Tradition der „Jungkonservativen" der „Konservativen Revolution" in der Weimarer Republik anknüpfte. Inspirierend auf ihre Nachfolger wirkten ihre Ablehnung der Demokratie, ihr Etatismus und Elitismus und das „Reich" als Bezugsrahmen[4].

Bei seiner erstmaligen Verwendung als Abgrenzung von der „Alten Rechten" bezog sich der Begriff „Neue Rechte" am Ende der 60er Jahre allerdings auf eine gänzlich andere Strömung: Die Nationalrevolutionäre. Diese heute nahezu unbekannte politische Bewegung demonstrierte mit Sturm-und-Drang-Rhetorik die Radikalität der Kritik an der *Law and Order*-Politik der älteren Generation des rechten Lagers ähnlich konsequent wie ihre Altersgenossen von der Neuen Linken:

> „So werden wir weiter fragen müssen und alle Werte daraufhin abhorchen: Ordnung, Disziplin, Treue und Ehre, Freiheit und Pflicht, Arbeit Fortschritt, Tradition und Revolution - gibt es einen Wert, der in sich selbst ruht? Wir sind noch lange nicht an einem Endpunkt angelangt. Aber mit radikalen Fragen, mit radikalem Zweifel, der in radikale Bejahung umschlägt, treiben wir die Entwicklung weiter, ohne Kompromisse im Geist"[5].

Der offensichtliche Eindruck, den Studentenbewegung und APO auf die jungen Rechten machte, war dabei kaum zu leugnen – der Artikel des jungen Aktivisten Gert Waldmann in *Nation Europa*, den Steffen Kailitz als „verspäteten Gründungsaufruf"[6] der Neuen Rechten bezeichnete, war mit der Überschrift „Von der Linken lernen – Respektlose Gedanken eines jungen Nationalisten"[7] bereits programmatisch betitelt. Von der zeitgenössischen Linken übernahm man eine Vielzahl von

---

4 Pfahl-Traughber, Armin, „Konservative Revolution" und „Neue Rechte". Rechtsextremistische Intellektuelle gegen den demokratischen Verfassungsstaat, Opladen 1998, S. 53.

5 Eichberg, Henning, Totale Nation? Europäischer Nationalismus und die Öffnung nach vorn, in: Junge Kritik 1 (1970), S. 9–42, zuerst erschienen unter dem Titel Provokation II, in: Junges Forum (1967), H. 3, S. 20.

6 Kailitz, Extremismus, S. 84.

7 Waldmann, Gert, Von der Linken lernen. Respektlose Gedanken eines jungen Nationalisten, in: Nation Europa 19 (1969), H. 8, S. 23–24.

– vor allem rhetorischen – Anregungen, mit denen die eigene Position modernisiert wurde: Die Revolution, den Sozialismus, die Ablehnung des Establishments und der bürgerlichen Werte, die Kritik an Konsum- und Massengesellschaft und die Betonung der Rolle von Intellekt, Theorie und Ideologie als Basis politischer Bewegungen.

Die Linke galt den Nationalrevolutionären aber nicht nur als Inspiration und gleichzeitiger Antagonist. Vielmehr kehrt ein bestimmtes Motiv in ihren theoretischen Schriften beständig wieder: In einer Zeit der starken politischen Polarisierung und trotz ihrer nicht verhohlenen persönlichen Herkunft aus dem Kreis der herkömmlichen extremen Rechten arbeiteten die Nationalrevolutionäre an einer Abschaffung der von ihnen so bezeichneten „Gesäßgeographie“[8] – der Einteilung des politischen Spektrums in links und rechts. Die Suche nach dem „Dritten Weg“ zwischen Kapitalismus und Kommunismus war zwar vorher bereits von diversen politischen Strömungen begonnen worden, die Nationalrevolutionäre sahen sich jedoch einen Schritt weiter, nämlich in einer Mittlerfunktion, die eine politische Position „jenseits von links und rechts“ aufbauen wollte. Sich selbst bezeichneten sie folglich demonstrativ als „linke Leute von rechts“[9]. Dies eröffnete neue Bündnismöglichkeiten: Während die extreme Linke das größte Feindbild der herkömmlichen Rechten bildete, betonten die Nationalrevolutionäre den lagerinternen Generationenkonflikt, der sie mit den Aktivisten der Neuen Linken verband.

Die Bedeutungslosigkeit, in der die nationalrevolutionäre Bewegung Ende der 70er Jahre verschwand, ist zumindest ein Zeichen dafür, dass dieses Projekt vorerst scheiterte. Dennoch legitimiert die Entschiedenheit, mit der die Nationalrevolutionäre das Projekt der Reformierung des rechten Lagers und die Überwindung der traditionellen Pole angingen, eine tiefergreifende Analyse dieser politischen Strömung. Bei dieser Analyse ergibt sich die Frage nach der Belastbarkeit des herkömmlichen, meist eindimensionalen Modells der Einteilung politischer Positionen in links und rechts beinahe von selbst – eine Bezeichnung als „linke Leute von rechts“ setzt Kriterien voraus, nach denen die beiden Pole unterschieden werden können. Gleiches gilt für die abgeleiteten Begriffe Rechtsradikalismus bzw. Linksradikalismus und Rechtsextremismus bzw. Linksextremismus.

Die Begriffe des politischen Radikalismus und Extremismus für sich genommen können dabei recht trennscharf definiert werden. Schon

---

8 Malde, Axel, Alte Rechte - Neue Rechte, in: Ideologie & Strategie 4 (1972), S. 1–2, S. 2.

9 Eichberg, Totale Nation, S. 36.

alleine weil sie für die Arbeit des Bundesamtes für Verfassungsschutz unabdingbar sind, sind ihre Definitionen eher formaler als inhaltlicher Natur: als Extremist gilt, wer die freiheitlich-demokratische Grundordnung ablehnt, als Radikaler, wer noch innerhalb des demokratischen Spektrums weitgehende Umgestaltungen des politischen Systems fordert. Eine qualitative Unterscheidung zwischen Rechts- und Linksextremismus findet hier keine Berücksichtigung[10].

Die Konstruktion eines Idealtypus der beiden Pole hingegen ist umstrittener und komplizierter, bezieht sich aber meist ausschließlich auf die jeweiligen ideologischen Unterschiede zwischen den beiden Richtungen: Der Rechtsextremismusforscher Armin Pfahl-Traughber, der darauf hinweist, dass sowohl Links- als auch Rechtsextremismus lediglich als „Sammelbezeichnungen“[11] fungieren, sieht in der Einstellung zu der Idee der menschlichen Gleichheit das wesentliche Unterscheidungskriterium. Während linke Positionen grundsätzlich von der Annahme der prinzipiellen Egalität aller Menschen ausgingen, lehnten Vertreter eines rechten Standpunktes diese „zugunsten eines antiegalitären Differenzprinzips“[12] ab. Ein Kriterium zur Definition von Rechtsextremismus sei also das Bestehen auf die prinzipielle Ungleichwertigkeit von Menschen aufgrund wie auch immer gearteter natürlicher Ursachen, beispielsweise ihrer Herkunft oder Rasse. Norberto Bobbio stellt in seiner Streitschrift über das Thema zwar den Versuch Dino Confrancescos vor, links und rechts anstatt als Ideologievarianten eher als „Grundhaltungen“ oder „Mentalitäten“[13] zu beschreiben, sieht selbst aber ebenfalls in der Behandlung der Gleichheit den primären ideologischen Unterschied und damit das entscheidende Unterscheidungskriterium[14].

Mathias Brodkorb stimmt dem zwar grundsätzlich zu, beurteilt diese Unterscheidung allerdings als wenig praktikabel. Die Idee der prinzipiellen Gleichheit der Menschen impliziere in der Tat eine ideologisch motivierte Gleichmacherei der Menschen, die Vertretern linker Standpunkte von Seiten der Rechten immer wieder vorgeworfen würde. Zielführender wäre die Definition von links und rechts anhand des

---

10 Brodkorb, Mathias, Metamorphosen von rechts. Eine Einführung in Strategie und Ideologie des modernen Rechtsextremismus, Münster 2003, S. 14.

11 Pfahl-Traughber, Armin, Rechtsextremismus in der Bundesrepublik, München 1999, S. 13.

12 Ebd., S. 14.

13 Bobbio, Norberto, Rechts und Links. Gründe und Bedeutungen einer politischen Unterscheidung, Berlin 1994, S. 62.

14 Ebd., S. 87.

Begriffspaars Inklusion und Exklusion: Die Linke arbeite auf die Aufhebung von ungerechtfertigten Diskriminierungen und somit auf Inklusion der ganzen Bevölkerung in die Gesellschaft hin, die Rechte auf eine Begrenzung der menschlichen Gesellschaft in homogene, voneinander abgeschiedene Gruppen, vertrete also ein Projekt der Exklusion. Kern eines rechten Standpunktes sei folglich immer Rassismus[15].

Die Ideologie der Nationalrevolutionäre ist, wie sich zeigen wird, zwar mit einigen Schwierigkeiten, aber dennoch eindeutig der Seite zuordenbar, die nach diesen beiden Definitionen als rechts gilt. Dennoch ist der Gesamteindruck der nationalrevolutionären Bewegung und der der einzelnen Nationalrevolutionäre sowie ihr Selbstverständnis als „linke Leute von Rechts“ kaum so eindeutig „rechts“, als dass eine rein ideologische Definition dieser Pole befriedigend wäre. Ziel der vorliegenden Studie ist also auch, zu klären, ob und inwieweit ein alternatives Verständnis von „links“ und „rechts“ bei der Beschreibung der nationalrevolutionären Bewegung fruchtbar ist und ob dieses alternative Verständnis auch für die Analyse anderer politischer Strömungen von Nutzen sein kann.

Hierzu wird nach einem kurzen Abriss der Geschichte der nationalrevolutionären Organisationen zunächst die politische Ideologie der Nationalrevolutionäre dargestellt, deren Erarbeitung das Kernstück ihrer Aktivität bildete. Abgegrenzt hiervon wird anschließend ihre politische Selbstverortung untersucht, die sich unter anderem in Traditionskonstruktionen und Abgrenzungen zu anderen politischen Strömungen äußerte. Als drittes Element wird der Habitus der Nationalrevolutionäre beschrieben; dieses von Pierre Bourdieu übernommene, aber leicht modifizierte Konzept wird im Folgenden als nichtideologische Grundlage politischer Bewegungen verstanden und als Basis eines alternativen Verständnisses von rechts und links als des ideologischen vorgeschlagen.

Dass die Nationalrevolutionäre keinerlei Bedeutung in der politischen Kultur der Bundesrepublik hatten, ist sicherlich nicht zutreffend, schon allein, weil sich wesentliche Teile der Ideologie der heutigen NPD auf ihre Schriften stützen[16]. Dennoch gab und gibt es kaum zeitgenössische und heutige Forscher, die sich ausführlich und vor allem wissenschaftlich mit dieser Bewegung befasst haben. Die Aufmerksamkeit der Betrachter gilt nach wie vor anderen politischen und kulturellen Phänomenen dieser Zeit.

---

15 Brodkorb, Metamorphosen, S. 23.

16 Staud, Toralf, Moderne Nazis. Die neuen Rechten und der Aufstieg der NPD, Bonn 2006, S. 81.

Die bereits erwähnte Monographie Günter Bartschs krankt ähnlich wie das fünf Jahre später erschienene Werk Karl-Heinz Pröhubers[17] an der kaum verhohlenen fehlenden Distanz der Autoren zum Forschungsobjekt - Bartsch publizierte mehr oder weniger regelmäßig in nationalrevolutionären und rechten Zeitschriften, Pröhuber selbst veröffentlichte seine Arbeit als zeitweiliges Mitglied des *Nationalrevolutionären Bundes* im neurechten *Verlag Deutsch-Europäischer Studien*[18]. Beide Arbeiten werden im Folgenden aus Mangel an Alternativen zwar verwendet, jedoch mehr als Selbstbeschreibung einer politischen Bewegung als als wissenschaftliche Literatur gewertet.

Die Monographie von Margret Feit[19] hingegen weist mit ihrem ausgesprochen kämpferisch antifaschistischen Ton in die entgegengesetzte Richtung. Gleiches gilt für die umfangreiche Dissertation des Politikwissenschaftlers Clemens Heni über Henning Eichberg, den wohl wichtigsten Vordenker der Nationalrevolutionäre, der in seinem Anspruch der „Wissenschaft als Kritik“[20] bei der Beurteilung der Person Eichbergs gelegentlich die gebotene emotionale Objektivität vermissen lässt. Davon abgesehen finden sich in Monographien über die Geschichte des deutschen Rechtsextremismus im Allgemeinen nur kurze Randnotizen über die Nationalrevolutionäre.

Die vorliegende Studie stützt sich also zu allergrößten Teilen auf die direkte Auswertung der nationalrevolutionären Publizistik, insbesondere der Theoriezeitschriften und -zeitungen der frühen 70er Jahre. Für die Bereitstellung dieser Materialien möchte ich der Bayerischen Staatsbibliothek und besonders den Mitarbeitern des *antifaschistischen pressearchivs und bildungszentrums berlin e.V.* (apabiz) sowie des Archivs des *Duisburger Instituts für Sprach- und Sozialforschung* (DISS) für die freundliche Aufnahme und Hilfe herzlich danken.

---

17 Pröhuber, Karl-Heinz, Die Nationalrevolutionäre Bewegung in Westdeutschland, Hamburg 1980.

18 Greß, Franz; Jaschke, Hans-Gerd; Schönekäs, Klaus (Hg.), Neue Rechte und Rechtsextremismus in Europa. Bundesrepublik, Frankreich, Großbritannien, Opladen 1990, S. 314.

19 Feit, Margret, Die „Neue Rechte“ in der Bundesrepublik. Organisation, Ideologie, Strategie, Frankfurt/Main 1987.

20 Heni, Clemens, Salonfähigkeit der Neuen Rechten. „Nationale Identität“, Antisemitismus und Antiamerikanismus in der politischen Kultur der Bundesrepublik Deutschland 1970 - 2005. Henning Eichberg als Exempel, Marburg 2007, S. 19.

2. Die nationalrevolutionäre Bewegung in der Bundesrepublik

Das rechtsextreme Lager in der Nachkriegszeit

Das rechtsextreme Lager der Bundesrepublik der frühen Nachkriegszeit zeichnete sich vor allem durch personelle und auch ideologische Kontinuität zur NSDAP sowie eine Vielfalt von Klein- und Kleinströmungen aus. Die noch dem Lizenzzwang für Parteigründungen unterworfenen rechtsextremen Parteien der frühen Nachkriegsjahre wie etwa die *Deutsche Rechts-Partei* blieben aufgrund interner Differenzen und fehlenden Perspektiven meist erfolglos. Dennoch erwähnenswerte Organisationen waren die *Sozialistische Reichspartei* (SRP), die insbesondere ehemalige Nationalsozialisten ansprach und 1952 verboten wurde, und die bereits 1948 als *Bund für Deutschlands Erneuerung* begründete und Ende 1954 als *Deutsch-Soziale Union* (DSU) neugegründete Bewegung der Anhänger des NSDAP-Linken Otto Strasser, der erst 1955 wieder in die Bundesrepublik einreisen durfte und zuvor durch in die Bundesrepublik versandte Schulungsbriefe einen „Dritten Weg" zwischen Kapitalismus und Kommunismus propagierte. Wie auch den anderen Strömungen im rechten Lager, das sich durch seine Zerfaserung in sich untereinander bekämpfende Gruppen charakterisierte, blieb beiden Parteien der politische Erfolg verwehrt.

1950 fusionierten drei rechtsextreme Kleinparteien zur *Deutschen Reichspartei* (DRP), die nach dem Verbot der SRP die einzige Konstante in der rechtsextremen Parteienorganisation der 50er Jahre bildete. Auch sie konnte jedoch keine nennenswerten Erfolge erzielen. Die Ergebnisse der Bundestagswahl 1953, bei der erstmalig die 5%-Klausel griff, zeigten mit einem Abschneiden der DRP von 1,1% den Erfolg der Bürgerblock-Strategie Adenauers: Mit nationalistischen Parolen hatte dieser eine nicht unbeträchtliche Integrationskraft auch auf Bürger mit rechtsextremen Einstellungen gehabt[21]. Die Verringerung der Arbeitslosenzahlen und der wirtschaftliche Aufschwung ließen die DRP, die sich rhetorisch und thematisch noch an der Zeit des Nationalsozialismus orientierte, hingegen als Ewiggestrige und Altnazis erscheinen. Nach von zwei DRP-Mitgliedern angezettelten Hakenkreuzschmierereien an einer Synagoge, die zu einem verheerenden Imageschaden und 1960

---

21 Assheuer, Thomas; Sarkowicz, Hans, Rechtsradikale in Deutschland. Die alte und die neue Rechte, München 1992, S. 14f.

sogar zu einem kurzzeitigen Parteiverbot in Rheinland-Pfalz führten[22], musste sich das rechte Lager daher zunächst sammeln und neu orientieren.

Einen Wendepunkt bedeutete in dieser Hinsicht das Jahr 1964. Mit der Gründung der *Nationaldemokratischen Partei Deutschlands* (NPD) am 28. November unter Federführung der DRP gelang zwar keine Einigung des rechten Lagers, aber doch erstmals auf einige Jahre die Bildung eines organisatorischen „Gravitationszentrums“[23], das vermochte, den größten Teil der rechten Splittergruppen unter dem Dach einer Organisation zu versammeln. Von der DRP war genau dies intendiert worden: Zwar wurden die öffentlich exponierten Positionen größtenteils mit eher konservativen, unbelasteten Personen besetzt, die Organisation und grundsätzliche Ausrichtung wurde jedoch maßgeblich durch die personell und ideologisch an den Nationalsozialismus anknüpfenden Ex-DRP-Mitglieder geleistet[24]. Gleichzeitig, so Feit, wandelte sich in Teilen des rechten Lagers die ideologische Grundtendenz hin zum Konzept eines „Neuen Nationalismus“: Der „verknöcherte, rückwärts gewandte Rechtsextremismus“[25] wurde einer Revision unterzogen, man suchte nach neuen Begründungszusammenhängen und Rechtsfertigungsmustern.

Der Erfolg der NPD war von Beginn an beachtlich: Die Zahl der Mitglieder stieg von 1964 bis zu ihrem Höhepunkt 1969 von 250 auf 28.000, bei der Landtagswahl in Hessen 1966 erzielte die Partei auf Anhieb ein Ergebnis von 7,9%. Eineinhalb Jahre später zog sie mit bis zu 9,8% der abgegebenen Stimmen in die Landtage von Bayern, Rheinland-Pfalz, Schleswig-Holstein, Niedersachsen, Bremen und Baden-Württemberg ein[26].

Dieser Aufstieg lag vor allem im politischen Kontext begründet: Während der Großen Koalition von CDU/CSU und SPD konnte sich die

---

22 Stöss, Richard, Väter und Enkel. Alter und Neuer Nationalismus in der Bundesrepublik, in: Ästhetik & Kommunikation 9 (1978), H. 32, S. 35–58, S. 41.

23 Virchow, Fabian, Faschistische Tatgemeinschaft oder weltanschauliche Kaderschmiede? Systemoppositionelle Strategien der bundesdeutschen Rechten nach 1969, in: Livi, Massimiliano (Hg.): Die 1970er Jahre als schwarzes Jahrzehnt. Politisierung und Mobilisierung zwischen christlicher Demokratie und extremer Rechter, Frankfurt am Main [u.a.] 2010, S. 229–248, S. 231.

24 Dudek, Peter; Jaschke, Hans-Gerd, Entstehung und Entwicklung des Rechtsextremismus in der Bundesrepublik, Wiesbaden 1984, S. 284.

25 Feit, Neue Rechte, S. 16.

26 Assheuer, Sarkowicz, Rechtsradikale, S. 20.

NPD unter dem Slogan „Man kann wieder wählen“[27] als einzige konservative Oppositionspartei bei denjenigen Wähler profilieren, die die Zusammenarbeit der Unionsparteien mit der SPD als nationalen Verrat interpretiert hatten. Durch ihr nationalkonservatives Image schaffte es die NPD dabei, Themen aufzugreifen, die bisher von den bürgerlich-konservativen Parteien besetzt gehalten, wegen der Zusammenarbeit mit der SPD aber vernachlässigt worden waren. Zudem konnte man sich parallel zum Aufstieg der APO und den Studentenunruhen als *Law and Order*-Partei und Verteidigerin der deutschen Kultur gegenüber fremden Einflüssen präsentieren.

Die Euphorie hatte jedoch ein rasches Ende, als der erwartete Erfolg bei der Bundestagswahl 1969 ausblieb: Mit 4,3% der abgegebenen Stimmen schaffte es die NPD nicht, in den Bundestag einzuziehen. In der Folge kam es zu innerparteilichen Spannungen, die sich in Diskussionen zwischen Anhängern des gemäßigten nationalkonservativen Kurses und denen eines radikaleren Weges entluden. Einen letzten Versuch, als Einheitsfront des rechten Lagers aufzutreten, unternahm die NPD mit der Gründung der *Aktion Widerstand* 1970, die zum außerparlamentarischen Widerstand gegen die Ostpolitik der Regierung Brandt aufrief und dabei auch die radikalen Kräfte des rechten Lagers mit einschließen sollte.

Nach anfänglichen Erfolgen geriet die Sammlungsbewegung jedoch unter den Einfluss radikalerer Kräfte, die einen offensiveren Kurs propagierten. Ein verbotener Fackelzug durch die Würzburger Innenstadt, die Einrichtung von rechten Piratensendern und die Entstehung von bewaffneten Gruppen setzte die NPD zu Beginn der 70er Jahre Druck von beiden Seiten aus: In der Oppositionsrolle konnten CDU/CSU inzwischen wieder ihr Stammpublikum bedienen und der NPD die konservativen Wähler abspenstig machen, von rechts beschädigten radikale, auch gewaltbereite Gruppen das Image der NPD und schwächten sie überdies personell. Die *Aktion Widerstand* beschleunigte und markierte somit entgegen der ursprünglichen Absichten ihrer Gründer das vorläufige Scheitern der ersten rechten Sammlungspartei[28]. Ab Mitte der 70er Jahre spielte die NPD in der bundesdeutschen Politiklandschaft daher keine nennenswerte Rolle mehr. Ihr einstweiliger

---

27 Dudek, Jaschke, Rechtsextremismus, S. 287.

28 Kopke, Christoph, Die „Aktion Widerstand“ 1970/71. Die „nationale Opposition“ zwischen Sammlung und Zersplitterung, in: Livi, Massimiliano (Hg.): Die 1970er Jahre als schwarzes Jahrzehnt. Politisierung und Mobilisierung zwischen christlicher Demokratie und extremer Rechter, Frankfurt am Main [u.a.] 2010, S. 249–262, S. 250.

Niedergang machte am rechten Rand den Platz für andere Gruppierungen frei.

Entstehung einer „Neuen Rechten" (1964-1968)

Der relative Erfolg der NPD als Sammlungsbewegung des rechten Lagers bedeutete freilich nicht, dass der Vielzahl an Kleinparteien, Grüppchen, Einzelaktivisten und -publizisten, Diskussionszirkeln und Zeitschriften ein Ende gesetzt wurde. Nach wie vor blieb das Milieu heterogen, wirklich dominierende Organisationen, wie beispielsweise die spätere GRECE in Frankreich, gab es in der Bundesrepublik nicht. In dieser Unübersichtlichkeit ist es daher wenig sinnvoll, nach einem konkreten Zeitpunkt oder Ereignis zu fahnden, das den Beginn einer grundlegenden Änderung oder Neuorientierung des rechten Lagers markiert. Ohnehin wäre dieser Beginn wohl von dem Erfolg der NPD überschattet worden.

Ihr Niedergang markierte insofern eine Zäsur, als dass er beginnende und schon länger vorhandene Sprünge in der rechten Szene bis zum Bruch verstärkte und die Aufmerksamkeit der Beobachter auf die verschiedenen Strömungen lenkte: Obwohl mehr als nur die Ahnung einer Neuorientierung auf der rechten Seite schon weit früher zu vernehmen war, tauchte die Neue Rechte als Begriff und eigene Kategorie des Rechtsextremismus erst 1971 im jährlichen Verfassungsschutzbericht auf. Voneinander weitgehend unabhängige Einzelphänomene, die zusammengenommen die Entstehung einer Neuen Rechten ankündigten, waren jedoch schon etwa in der Mitte der 60er Jahre zu erkennen.

Erwähnenswert in dieser Unübersichtlichkeit ist die Monatszeitschrift *Nation Europa – Monatsschrift im Dienst der europäischen Neuordnung*, die durch die Person ihres Gründers und Herausgebers Arthur Ehrhardt im Grunde ein Standbein der etablierten Rechten war – der 1896 geborene Ehrhardt war vor 1945 als SS-Hauptsturmführer für die Partisanenbekämpfung in Osteuropa zuständig gewesen. Die von ihm 1951 gegründete *Nation Europa* avancierte mit einer Auflage von bis zu 10.000 Exemplaren schnell zu einer der wichtigsten Publikationen des rechten Lagers. Inhaltlich orientierte sie sich an bündischen, eurofaschistischen und auch etwas verbrämten nationalsozialistischen Vorstellungen, legte jedoch einen Schwerpunkt auf die Vermittlung des Gedankens der Einigung und geistigen Erneuerung Europas.

Die davon abgesehen nicht unbedingt progressive Grundtendenz der Zeitschrift hinderte Ehrhardt jedoch nicht daran, die Nachwuchsproblematik gezielt anzugehen und jungrechte Aktivisten und Publizisten durch die Möglichkeit der Mitarbeit aktiv zu fördern, auch wenn sie seine Vorstellungen nur bedingt teilten. *Nation Europa* stellte für die sich formierende Neue Rechte als Publikations- und Kommunikationsplattform bis zu Ehrhardts Rücktritt als Chefredakteur 1970 eine wichtige Möglichkeit dar, sich Gehör zu verschaffen und kann somit als bedeutendster „Geburtshelfer"[29] der neuen Bewegung gelten.

Überdies erwähnenswert vor allem als personelles Reservoir ist der 1956 gegründete und zu Beginn der 60er Jahre verbotene *Bund Nationaler Studenten* (BNS) und sein publizistischer Nachfolger, der *Deutsche Studentenanzeiger* (DA), in dem ebenfalls einige Aktivisten der späteren Nationalrevolutionäre ihre ersten publizistischen Gehversuche machen konnten. Obwohl der BNS noch der „Wiedererrichtung eines unabhängigen Deutschen Reiches"[30] oberste Priorität eingeräumt hatte, kann man zumindest in seiner Forderung nach einer geistigen Auseinandersetzung mit dem Marxismus-Leninismus den Beginn eines Umdenkens sehen.

In Hamburg hatte sich derweil schon 1956 eine Diskussionsrunde mit jungen Teilnehmern etabliert, die nach außen hin als *Legion Europa* auftrat und revolutionärer Umtriebe zunächst eher unverdächtig war – Vorträge von Arthur Erhardt oder Helmut Sündermann, dem stellvertretenden Reichspressechef der NSDAP, erweckten zumindest nach außen den Eindruck einer Konservierung der nationalsozialistischen Ideologie.

Nachdem nach 1962 mit Lothar Penz und Henning Eichberg bereits zwei bedeutende Protagonisten der späteren Neuen Rechten an den Diskussionsrunden teilgenommen hatten, spaltete sich die Gruppe 1964 in drei Teile. Die Anhänger pragmatischer rechter Politik traten als *Arbeitsgemeinschaft für Heimatschutz* geschlossen in die CDU ein, während die durch den Gedanken der europäischen Einigung begeisterten Mitglieder europaweit Kontakte zu ähnlichen Organisationen suchten und in der Organisation *Jeune Europe* des Eurofaschisten Jean Thiriart auch fanden[31].

Die Gruppe um den 1931 geborenen Ingenieurstudenten Lothar Penz wollte jedoch neue Wege beschreiten. 1964 erschien unter seiner Leitung die erste Ausgabe einer der wichtigsten Zeitschriften der späteren Neuen Rechten, *Junges Forum*, die dem „verhängnisvollen Mangel einer geistigen Grundlage"[32] des rechten Lagers abhelfen wollte. In der Vor-

---

29 Greß, Jaschke, Schönekäs, Neue Rechte, S. 239.

30 Programm des BNS, zitiert nach: Bartsch, Revolution, S. 100.

31 Ebd., S. 103.

32 Penz, Lothar, Nationalismus und „unbewältigte Vergangenheit", in: Junges Forum (1964), H. 1, S. 2–5, S. 2.

bemerkung der ersten Ausgabe war die Suche nach theoretischer Offenheit und Ansätzen eines neuen Selbst- und Gruppenbewusstseins einer rechten Jugend gut zu erkennen:

> „Junges Forum soll allen jenen volksbewußten Kräften offenstehen, die sich über neue Formen und neue Grundlagen Gedanken machen. Leute mit Vorurteilen, die gestrigem Erleben und Denken entspringen, sollen nicht angesprochen werden. Junges Forum wendet sich daher bewußt an die jungen Kräfte, die sich dem entstehenden Neuen öffnen wollen“[33].

Das Selbstverständnis der Herausgeber als Träger eines Neuanfangs wurde durch den auf dem Titelblatt prangenden Schriftzug „Erste Nummer des ersten Blatts der Neuen Rechten“ ebenfalls prominent vermittelt.

Penz selbst entwickelte und vertrat in der folgenden Zeit (und bis heute) dabei eine Theorie des „Solidarismus“, deren Vertreter später zeitweise eng mit den späteren Nationalrevolutionären zusammenarbeiten sollten, sich jedoch in grundlegenden Fragen der Weltanschauung stark von jenen unterschieden. Obwohl die Grundtendenz des *Jungen Forum* stark an der Weltanschauung Penz' ausgerichtet war, avancierte die Zeitschrift zu einem der bedeutendsten Organe der beginnenden nationalrevolutionären Bewegung, was maßgeblich in der Mitarbeit Henning Eichbergs ab 1967 begründet lag.

In seinem Einstandsartikel, einer Beschreibung der französischen jungen Rechten unter dem Titel „Nationalismus ist Fortschritt“, und seinen programmatisch betitelten Philippiken „Provokation I“ und „Provokation II“ verschärfte sich der in der Tat provokative Ton der Abgrenzung gegen die ältere Generation zunehmend - dem Nationalismus wurde revolutionäre Qualität zugesprochen, die „Alte Rechte“ als verkalkt und rückwärtsgewandt, „Halbstarke und Rocker“ hingegen als „echter, wenngleich noch unartikulierten Ansatz der Revolte“[34] dargestellt. Überdies wurde „Solidarität an der Basis“ gegenüber dem „Bündnis der Etablierten gegen die Neuen“[35] gefordert.

Eichberg und *Junges Forum* betonten neben der Provokation und der Revolution als neue Elemente insbesondere den Intellekt und die philosophisch-kritische Grundhaltung der Neuen Rechten:

---

33 Vorbemerkung, in: Junges Forum (1964), H. 1, S. 1, S. 1.

34 Eichberg, Henning, Nationalismus ist Fortschritt. Eine Studie über die jungen fortschrittlichen Nationalisten in Frankreich um die Zeitschrift EUROPE-ACTION, in: Junges Forum (1967), H. 1, S. 1–17, S. 15.

35 Eichberg, Totale Nation, S. 39.

> „Die ewige Frage ist das ‚Zersetzen‘ in den Augen des Nichtdenkenden; es ist Pflicht und Leistung in den Augen des Denkenden. Aber auch dort wird man konsequenterweise gelangen: den Verstand durch den Verstand infragezustellen. Nichts ist so fest, daß es nicht geprüft werden dürfte und müßte. Nur Gewißheit, vielleicht auch nur Gewißheit über die Ungewißheit, kann weiterführen. (...) Bis dahin ist es ein weiter Weg. Auf diesem Weg ist der Intellektuelle zunächst Zerstörer“[36].

Eine mehr aus der Praxis geborene Bewegung der jungen Rechten entstand 1964 in Berlin, als der 1943 geborene Politikstudent Sven Thomas Frank unter dem Pseudonym Alexander Epstein die *Initiative der Jugend* gründete, die sich für die Wiedervereinigung einsetzte[37]. Diese Gruppe, die unter dem Eindruck der Aktivitäten der APO nach 1968 mit einer verwandten Gruppe zur *Außerparlamentarischen Mitarbeit* (APM) fusionierte und 1970 eine *Aktionsgemeinschaft der Nationalrevolutionären Jugend Berlins* begründete[38], setzte sich für eine praxisorientierte Politik mit gleichzeitiger Erarbeitung einer politischen Theorie ein und nahm zudem schon früh eine bundesweite Koordinierungsfunktion der jungen Rechten wahr. Über die Mitarbeit an diversen Zeitschriftenprojekten kam es so zu ersten überregionalen Kontakten von Aktivisten und Publizisten. Gemeinsamer Nenner waren zunächst die Betonung des Generationenkonflikts innerhalb des rechten Lagers und der eigenen Jugendlichkeit, die Ablehnung eines rein emotional begründeten Nationalismusbegriffes und die Bemühung um die Erarbeitung einer umfassenden politischen Theorie oder Weltanschauung[39].

In diese Zeit fällt auch der Aufstieg der Neuen Linken in Gestalt der APO, die auf die neuen Rechten so feindlich wie faszinierend gewirkt haben muss. Während die prinzipielle Gegnerschaft zu den linken Protestbewegungen schon aus gewachsenen Bindungen heraus zunächst kaum in Frage gestellt wurde, setzten nach Bartsch die Erfolge und die Anziehungskraft der Bewegung bei den jungen Rechten, die alles anders machen wollten als ihre Vorgänger, einen Denkprozess über die politischen Defizite in Gang – „Die Neue Rechte lernte erst aus den Angriffen der Neuen Linken, wieviel (!) geistige Substanz ihr fehlte“[40].

---

36 Eichberg, Henning, Provokation I. Was blieb von der politischem Moral?, zitiert nach: Nöck, Hartmut, Modernismus über alles?, in: Junge Kritik 1 (1979), S. 61–69, S. 62.

37 Greß, Jaschke, Schönekäs, Neue Rechte, S. 241.

38 Bartsch, Revolution, S. 120.

39 Greß, Jaschke, Schönekäs, Neue Rechte, S. 241.

40 Bartsch, Revolution, S. 128.

Neben dem organisatorischen und publizistischen Vorsprung der Linken, der es ihr ermöglicht hätte, in der revoltierenden Jugend in den entscheidenden Jahren von 1965-1967 Fuß zu fassen, schmerzte laut Bartsch offenbar insbesondere das Fehlen einer intellektuell überzeugenden Ideologie, wie sie die Neue Linke mit der Rezeption der Kritischen Theorie hatte. Überdies hätte sich die Neue Linke früher und überzeugender von der Alten Linken (in Form etwa der KPD) gelöst[41].

Revolte, Neuanfang und Generationenkonflikt sah Bartsch im Rückblick nicht nur als gemeinsamen Nenner der jungen Rechten, sondern als Basis für die gesamte revoltierende Jugend dieser Jahre, rechter wie linker. Die von ihm aufgestellte lange Liste der prinzipiellen Gemeinsamkeiten zwischen Neuer Rechter und Neuer Linker umfasste unter anderem mit der Ablehnung des politischen Establishments, der radikalen Kritik der Konsumgesellschaft, einer antikapitalistischen, antibürgerlichen sozialistischen Gesinnung, der jugendlichen Gemeinschaft mit einem antiautoritären Lebensgefühl und der „Bereitschaft, buchstäblich alles in Frage zu stellen und ganz von vorne zu beginnen"[42] keine konkreten politischen Inhalte, dafür umso mehr gemeinsame Feindbilder. Zu einer Zusammenarbeit zwischen linken und rechten Gruppen konnte man sich aber zu diesem Zeitpunkt noch nicht durchringen.

Die Erfolge der APO und verwandter Organisationen wurden auf der rechten Seite aber dennoch aufmerksam rezipiert. In dem Aufsatz „Von der Linken lernen - Respektlose Gedanken eines jungen Nationalisten" formulierte der Germanistikstudent Gert Waldmann 1969 seine Kritik an der Traditionsrechten folgendermaßen:

> „Verblüfft sie diese Überschrift? Aber die Überschrift ist ernst gemeint! Und ihre Verblüffung vielleicht der erste Schritt zum Nachdenken: Zum Nachdenken etwa über reaktionäre, traditionalistische Relikte rechts, (...) warum man ‚rechts' zwar alles kritisieren, aber kaum irgendwo eine neue Konzeption anbieten kann.
> Waren Sie einmal auf einer Veranstaltung einer rechtsgerichteten Organisation? Haben Sie sich schön erbaut am Urgrund der Seele, an Gläubigkeit und Hingabe? Dabei dürfte Ihnen dann ja auch klar geworden sein, daß die Jugend völlig amoralisch und anarchistisch ist, die moderne Kunst dekadent und entartet.
> Haben Sie dabei aber auch einmal kritische Gedanken über den eigenen Standort gehört? Ich fürchte: Fehlanzeige!
> Wenn Sie sich jetzt ärgern, sollten Sie mit der weiteren Lektüre aufhören. Ich wünsche Ihnen weiterhin viel Erbauung und einen

---

41 Ebd., S. 128f.

42 Ebd., S. 127.

> guten Schlaf. Träumen Sie davon, wie die Polizei junge Leute zusammenschlägt, freuen Sie sich auf die Vorbeugehaft für alle Kritiker des Establishment, und lesen Sie weiterhin Axel Springers Intelligenzpresse".

Von der Linken lernen hingegen müsse man,

> „daß die Gesellschaft revolutioniert werden muß,
> daß in der Politik keine Tradition heilig ist,
> daß Staat niemals von vornherein gut ist,
> daß das Establishment auch unser Gegner ist (...)
> daß Unruhe die erste Bürgerpflicht ist,
> daß nur Aktionen Erfolge bringen" [43].

Obwohl diese vollmundigen Erklärungen nicht bedeuteten, dass tatsächlich keine personellen Verflechtungen zwischen Alter und Neuer Rechter mehr existierten, führte diese neue Rhetorik doch zu einem beginnenden Gemeinschaftsbewusstsein auf jungrechter Seite. Zu einer einmaligen Zusammenarbeit zwischen Alter und Neuer Rechter kam es lediglich einmal im Rahmen der erwähnten *Aktion Widerstand*, die am 21.5.1970 in Kassel großangelegte Demonstrationen rechter Gruppen organisierte. Im Widerstand gegen die Ostverträge kam es dabei am Vorabend des Treffens von Willy Brandt und Willi Stoph zu gemeinsamen Aktionen neurechter und altrechter Gruppierungen, bei denen die NPD noch einmal versuchte, das jugendliche Protestpotential für sich einzuspannen[44].

Die Neue Rechte war jedoch zu diesem Zeitpunkt nicht mehr an einem lagerinternen Burgfrieden interessiert, sondern nutzte diese einzige nennenswerte Demonstration rechter Stärke lediglich zur Profilierung von altrechten Kräften. Zu tatsächlicher Zusammenarbeit kam es auch später nicht mehr. Die Neuen Rechten organisierten sich vorerst dezentral in sogenannten Basisgruppen und arbeiteten in verschiedenen Publikationsorganen und Diskussionszirkeln weiterhin an ihrer politischen Theorie.

---

43 Waldmann, Von der Linken lernen, S. 23f.

44 Greß, Jaschke, Schönekäs, Neue Rechte, S. 242f.

Die nationalrevolutionären Basisgruppen (1968-1972)

Organisation und Koordination

Etwa in diese Zeit fällt auch die Suche nach einer gemeinsamen Selbstbezeichnung, da das bisherige Selbstverständnis der diversen Gruppen als „Nationalrevolutionäre (...), Europäische Sozialisten, linke Leute von rechts, Nationaleuropäer, Widerständler, progressive Nationalisten, Neue Rechte oder sozialistisch-national"[45] noch recht heterogen war. Die Bezeichnung „Nationalrevolutionäre" hatte sich jedoch bis spätestens 1971 durchgesetzt und wurde von Alexander Epstein in einer Strategiediskussion als am geeignetsten empfohlen[46]. Auch der Begriff „linke Leute von Rechts"[47], der dem Titel einer Monographie des Historikers Otto-Ernst Schüddekopf über die Nationalrevolutionäre der Weimarer Republik entlehnt war, wurde in dieser Zeit verwendet.

Ungefähr ab diesem Zeitpunkt ist auch ein Gemeinschaftsbewusstsein und das Vorhandensein einer nationalrevolutionären Szene zu erkennen: Seit 1970 formierten sich die relativ strukturarmen und dezentralisierten Basisgruppen in etwa 20 deutschen Städten[48], der Verfassungsschutz zählte für 1971 ca. 400, für 1972 schon über 1.000 Angehörige der Neuen Rechten[49], wobei sicher nicht alle eindeutig den Nationalrevolutionären zuzurechnen sind. Ob die Einschätzung Steffen Kailitz', nach der es zunächst so schien, als bestünde „die Neue Rechte ausschließlich aus Nationalrevolutionären"[50], zutreffend ist, sei einmal dahingestellt. Von einer einigermaßen aufsehenerregenden Wirkung der nationalrevolutionären Basisgruppen innerhalb und außerhalb des rechten Lagers kann aber ausgegangen werden - der Verfassungsschutz widmete der Neuen Rechten, die zumindest zu großen Teilen den Nationalrevolutionären zuzurechnen war, in seinem Bericht für 1972 bereits fünf Seiten.

Trotz des Bewusstseins, als Teil einer bundesweiten Bewegung aktiv zu sein, waren die einzelnen Basisgruppen voneinander relativ unab-

---

45 Eichberg, Henning, Basis für eine neue Politik, in: Nation Europa 21 (1971), H. 6, S. 36–40, S. 36.

46 Epstein, Alexander, Zur Strategie und Taktik des nationalrevolutionären Kampfes, in: Junges Forum (1971), H. 5, S. 3–33, S. 21.

47 Eichberg, Totale Nation, S. 36.

48 Feit, Neue Rechte, S. 33.

49 Greß, Franz; Jaschke, Hans-Gerd, Rechtsextremismus in der Bundesrepublik nach 1960. Dokumentation und Analyse von Verfassungsschutzberichten, München 1982, S. 9.

50 Kailitz, Extremismus, S. 85.

hängig und strukturell unterschiedlich konzipiert. Einige gründeten sich als lose Diskussionsgruppen, andere als Reaktion auf linke Aktionen an den Universitäten, wieder andere fungierten intern als Gruppen der NPD-Jugendorganisation *Junge Nationaldemokraten* (JN), nach außen aber als nationalrevolutionäre Basisgruppe[51]. Im Gegensatz zur NPD wurden Mitglieder der JN als potentielle Mitstreiter nicht gemieden.

Als Koordinationsplattform dienten jährliche bundesweite Treffen, die von der Berliner APM ausgerichtet wurden und bei denen neben Ideologie- und Strategieabsprachen auch Demonstrationen und gesellige Veranstaltungen zur Entstehung eines Gruppenbewusstseins auf dem Programm standen. Überdies fanden zwei- bis dreimal jährlich die nach dem hessischen Veranstaltungsort benannten Sababurgrunden statt, deren Zielpublikum von oppositionellen Kreisen der NPD über Mitglieder der *Unabhängigen Arbeiterpartei* (UAP) und später der Aktion *Neue Rechte* (ANR) und den Mitgliedern der Basisgruppen größer war als das der Berliner Konferenzen. Aus dieser seit den 60er Jahren bestehenden Diskussionsrunde entstand 1972 die *Deutsch-Europäische Studiengesellschaft* (DESG) und ihr *Verlag Deutsch-Europäischer Studien GmbH* (DEST) hervor, die bis zur Gründung der SdV die bedeutendsten Organisationen der Nationalrevolutionäre blieben[52].

Die Berliner APM nahm auch publizistisch eine koordinierende Funktion ein. Ab 1972 erschien die von ihr herausgegebene Theoriezeitschrift *Ideologie & Strategie,* zudem noch das Schülermagazin *Rebell,* die beide bundesweit verteilt wurden. Zudem produzierte die APM auch Klebezettel und Werbematerialien. Mit Unterstützung des neuen *Nation Europa*-Schriftleiters Peter Dehoust kamen überdies drei Ausgaben der Taschenbuchreihe *Junge Kritik* zustande, die durch die thematische Auswahl und Zusammenfassung umfangreicherer Theorieaufsätze „so etwas wie die *edition suhrkamp* von rechts hatte (...) werden sollen"[53]. Zudem gaben mehrere Basisgruppen eigene Zeitungen und Zeitschriften heraus, sodass man sich auch publizistisch immer mehr von der etablierten Rechten emanzipieren konnte.

Diese begann folglich langsam eine Ablehnungsfront gegenüber den Nationalrevolutionären zu formieren und Stimmung gegen den proklamierten frischen Wind zu machen: Die Theorien und Begriffe der jungen Rechten erschienen „so links, auf daß es selbst einem geistig

51 Bartsch, Revolution, S. 136.

52 Greß, Jaschke, Schönekäs, Neue Rechte, S. 245.

53 Staud, Moderne Nazis, S. 85.

höchst modern denkenden und beweglichen Rechten schwer fallen müßte, mit solchem Kaliber der politischen Logik von der anderen Feldpostnummer das eigene Kaliber vergrößern zu wollen"[54], wie es ein Vertreter der Alten Rechten in traditioneller Diktion formulierte.

Protagonisten der nationalrevolutionären Bewegung

Obwohl das dynamische Selbstbewusstsein der Nationalrevolutionäre nahelegte, dass große Teile der Bewegung an der Mitarbeit an der künftigen politischen Theorie teilnehmen wollten, kristallisierte sich bald eine „Denkgemeinschaft"[55] von Wortführern heraus, die in der ideologischen Diskussion federführend wirkte, ohne dabei in allen Belangen gleiche Ansichten zu hegen. Die Biographien von zweien dieser Vordenker der Nationalrevolutionäre sollen im Folgenden kurz skizziert werden, da sie exemplarisch, wenn auch nicht unbedingt typisch für die oftmals verschlungenen politischen Lebensläufe der nationalrevolutionären Aktivisten sind.

Der schon mehrmals erwähnte Henning Eichberg stellte die wohl schillerndste und bekannteste Figur innerhalb der nationalrevolutionären Bewegung dar. Zum einen ist dies seiner unzweifelhaften Funktion als intellektueller Vordenker und Symbolfigur geschuldet - Günter Bartsch ging sogar so weit, ihn als „Dutschke von rechts"[56] zu bezeichnen -, zum anderen seiner wissenschaftlichen Karriere, seines behaupteten Bruchs mit der Rechten und späteren politischen Engagements auf der Linken.

1942 in Schlesien geboren und in einem bürgerlich-liberal gesinnten Elternhaus aufgewachsen, zog er 1950 mit seiner Familie, die sich nach der Vertreibung in der DDR angesiedelt hatte, nach Hamburg um. Noch als Schüler führte ihn seine politische Orientierungsphase von Otto Strassers DSU über verschiedene national-neutralistische Organisationen bis in die erwähnte *Legion Europa*. Mit deren *Arbeitsgemeinschaft für Heimatschutz* trat er 1964 in die CDU ein, in der er bis 1968 Mitglied blieb. Nach Abitur und Wehrdienst, den er als Leutnant der Reserve beendete, studierte er ab 1963 Geschichte und Geisteswissenschaften in Hamburg[57].

---

54 Ohlendorf, Bruno, Wider „konkrete Utopien" von neurechts, in: Fragmente 30 (1972), H. 24-28, S. 24.

55 Bartsch, Revolution, S. 142.

56 Ebd., S. 19.

57 Greß, Jaschke, Schönekäs, Neue Rechte, S. 314.

Ab 1961 publizierte Eichberg unter den Pseudonymen Hartwig Singer und Thorsten Sievers[58] regelmäßig in *Nation Europa*, später auch in zahlreichen anderen rechten Zeitschriften, wie dem *Deutschen Studenten-Anzeiger*, *actio* oder den *Burschenschaftlichen Blättern*. Neben Artikeln zur Verteidigung der Bundeswehr, in denen neben der Verherrlichung des „preußisch-schlichten Geschmacks“[59] auch die Anknüpfung an Traditionen der Wehrmacht ausdrücklich gutgeheißen wurde, fiel er vor allem durch die Veröffentlichung von Gedichten auf, die den Geschmack der traditioneller orientierten *Nation Europa*-Leser vermutlich gut trafen:

> „Rauhreif wächst auf der Waffe,
> körnig,
> Punkt für Punkt gepflanzte Kristalle;
> weiße Blumen sprießen
> auf schweigendem Metall
> (...)
> Seit einer Stunde erster Advent.
> Das Eis in den Furchen der Panzerstraße
> knackt leise und läßt
> den Posten lauschen.-
> Noch aber ist es nur Frost“[60].

Das Jahr 1966 muss für Eichberg einen Wendepunkt dargestellt haben. Auf Anregung Arthur Ehrhardts, der sich des jungen Studenten angenommen hatte, nahm er in der Provence an einem Zeltlager der „Fédération des Étudiants Nationalistes“ (FEN) teil, wo er auch deren Wortführer Alain de Benoist kennenlernte. In seinem Bericht über das Zeltlager zeigte sich Eichberg zutiefst beeindruckt von den jungen französischen Nationalisten: Ihren Wahlspruch „Nationalismus ist Fortschritt“, deren Widerstandsgeist und Militanz, die Verbindung von Theorie und Praxis, die Ablehnung des Nationalsozialismus und die Anknüpfung an französische sozialistische Denker wie Pierre-Joseph Proudhon und Georges Sorel beschrieb er ausführlich und bewundernd[61]. Obwohl er in dem Bericht für seine Anregung, die Bewertung

---

58 Der besseren Übersichtlichkeit halber werden im Folgenden Henning Eichbergs unter verschiedenen Pseudonymen erschienene Texte unter seinem bürgerlichen Namen zitiert.

59 Eichberg, Henning, „Wie hältst du's mit der Tradition?“. Die Gretchenfrage der Bundeswehr, in: Nation Europa 15 (1965), H. 3, S. 41–42, S. 41.

60 Eichberg, Henning, Manövernacht, in: Nation Europa 13 (1963), H. 3, S. 14, S. 14.

61 Eichberg, Henning, Nationalismus ist Fortschritt. Zu Gast in einem Arbeitslager französischer Studenten, in: Nation Europa 17 (1967), H. 1, S. 47–49.

der Attentäter des 20. Juli 1944 als Verräter einer Revision zu unterziehen, per Fußnote zurückgepfiffen wurde, finden sich vor allem die Parolen „Nationalismus ist Fortschritt" und „Keine Revolution ohne Doktrin" in den folgenden Jahren immer wieder in Artikeln Eichbergs, auch in *Nation Europa*.

Spätestens mit dem Beginn seiner Arbeit für *Junges Forum* avancierte er zum führenden Theoretiker der Neuen Rechten und späteren Nationalrevolutionäre. Neben dem Gedanken des progressiven Nationalismus propagierte er radikale Rationalität, Wissenschaftsfaszination, Modernismus und europäischen Nationalismus in einer Form, der zeitweise dem Bewegungsfaschismus durchaus nahekam. Weitere sich wiederholende Elemente des Eichberg'schen Denkens beinhalteten die Übernahme und Erweiterung des rassistischen, fortschritts- und technikfreundlichen Konzeptes des „Okzidentalen Syndroms" von den Theoretikern der französischen *Nouvelle Droite*, die außenpolitische Konzeption des „Ethnopluralismus", für deren Entwicklung er auf Arbeiten aus der Ethnologie, Ethologie sowie verschiedener Linguisten und Philosophen zurückgriff sowie die Bestimmung der multinationalen Konzerne als Hauptgegner des politischen Kampfes. Überdies prägte er zu großen Teilen auch den ästhetischen Stil und das Lebensgefühl der Neuen Rechten, beispielsweise durch Gedichte und seine „Protestsongs", die er unter dem Pseudonym Thorsten Sievers verfasste[62].

Nach seiner Promotion in Neuerer Geschichte 1970 in Bochum, wo er eine der aktivsten nationalrevolutionären Basisgruppen mitgegründet hatte, wurde er Assistent für Sportgeschichte an der Universität Stuttgart. Seine wissenschaftliche Arbeit deckte sich dabei teilweise mit der Entwicklung seiner politischen Theorie: Seine Habilitationsschrift „Der Weg des Sports in die industrielle Zivilisation"[63], in der er die Entwicklung eines europäischen Leistungsbewusstseins im Zusammenhang mit der Entstehung des Nationalismus sowie der Veränderung des Sports durch die Einführung von Maß und Messen beschreibt, liest sich wie eine Ergänzung zu seinen politischen Artikeln über das „Okzidentale Syndrom".

Ab etwa Mitte der 70er Jahre lässt sich in Eichbergs Artikeln eine Verschiebung des Fokus erkennen, die nicht mehr dynamische Rationalität, die Revolution und Europa, sondern das Volk und seine Identität in den Vordergrund stellte und einen ethnischen Regionalismus als „Nationa-

62 Greß, Jaschke, Schönekäs, Neue Rechte, S. 315.

63 Eichberg, Henning, Der Weg des Sports in die industrielle Zivilisation. Baden-Baden 1979.

lismus auf einer neuen Erfahrungsebene"[64] propagierte. Auch ökologische Themen traten mehr und mehr in den Vordergrund.

Als maßgebliche Denker der Neuen Linken Ende der 70er Jahre die nationale Frage in ihren Überlegungen zu berücksichtigen begannen, war Eichberg einer der gefragteren Gesprächspartner von der rechten Seite. In der Folgezeit publizierte er zahlreiche Artikel und Interviews in linksalternativen Zeitschriften wie *Ästhetik und Kommunikation*, dem anarchistischen *Unter dem Pflaster liegt der Strand* und Daniel Cohn-Bendits *Pflasterstrand.* Nach Lehrstuhlvertretungen und Gastprofessuren in Berlin, Osnabrück, Wien, Salzburg, Rennes und Jyväskylä in Finnland kam es 1978 zu Studentenprotesten, nachdem seine Mitarbeit in rechten Organisationen an die Öffentlichkeit gekommen war. Zu diesem Zeitpunkt behauptete er, seine schrittweise Entfernung von der politischen Rechten hätte bereits 1970 begonnen[65].

Zu Beginn der 80er Jahre schien Eichberg zumindest in seinem alltäglichen Leben in der Tat nur noch wenig mit der Rechten zu tun gehabt zu haben: Nach „Erweckungserlebnissen in Gorleben"[66] und kommunalpolitischer Arbeit für die Grünen bezeichnete er sich in einem Interview von 1980 als Teil der Alternativbewegung[67]. Ab 1982 ließ er sich in Dänemark nieder, wo er einen Lehrstuhl für Kultursoziologie zunächst in Odense, später in Kopenhagen innehatte, publizierte aber in Deutschland noch regelmäßig vor allem in der 1979 gegründeten, magazinartigen nationalrevolutionären Zeitschrift *wir selbst - Zeitschrift für nationale Identität.* Seit den 90er Jahren ist er Mitglied der linken *Socialistisk Folkeparti,* seit 2004 Forschungsmitarbeiter der Universität Syddansk. Seine Hauptforschungsgebiete sind die Soziologie des Sports, des Spiels und des Körpers sowie Identitäts- und Volksbegriffe[68].

Einen gänzlich anderen Lebensweg hatte der Publizist Wolfgang Strauss beschritten, der 1931 in Lettland geboren worden war. Nachdem er wegen antisowjetischer Propagandaarbeit zunächst zum Tode,

---

64 Eichberg, Henning; Stöss, Richard; Knödler-Bunte, Eberhard, Wir sind eben doch Deutsche. Gespräch über nationalrevolutionäre Perspektiven, in: Ästhetik und Kommunikation 10 (1979), H. 2, S. 125–130, S. 127.

65 Heni, Salonfähigkeit, S. 41.

66 Staud, Moderne Nazis, S. 85.

67 Eichberg, Henning, Nationalismus als antifaschistische Arbeit? Ein Gespräch über die nationale Frage, in: Dudek, Peter; Jaschke, Hans-Gerd (Hg.): Revolte von Rechts. Anatomie einer neuen Jugendpresse, Frankfurt a.M. 1981, S. 170–187, S. 178.

68 Eichbergs Seite auf der Homepage der Universität von Süddänemark: http://www.sdu.dk/staff/heichberg.

dann zu 50 Jahren Zwangsarbeit in der Strafgefangenenkolonie Workuta in der UdSSR verurteilt worden war, nahm er am dortigen Gefangenenaufstand 1953 teil. Als Symbol für den Widerstand gegen den Kommunismus verarbeitete er diese Erfahrung später in zahlreichen Artikeln. Nachdem er in die DDR abgeschoben worden war, floh er 1956 in die Bundesrepublik und begann dort eine rege Journalisten- und Publizistentätigkeit. Nach Mitgliedschaften in SPD und NPD, bei denen er „den Geist Lassalles wiederbeleben"[69] wollte, trat er der 1962 gegründeten *Unabhängigen Arbeiterpartei* (UAP) bei, auf die er bis zu seinem Austritt 1977 merkbaren Einfluss in die Richtung der Nationalrevolutionäre hatte. Überdies war er Gründer und bestimmende Figur in der Münchener Basisgruppe „Club Symonenko - Komitee junger Arbeiter, Schüler und Studenten für Literatur und Politik", benannt nach dem ukrainischen Dichter Wasyl Symonenko.

Neben zahlreichen Pseudonymen, unter denen er eine Vielzahl von Artikeln mit einem deutlichen Schwerpunkt auf den nationalistischen Widerstand gegen die Sowjetunion in Osteuropa und der DDR publizierte, bereicherte er 1969 durch seine Monographie über die nationalistischen Befreiungsbewegungen[70] die nationalrevolutionäre Theoriearbeit um das Konzept des „Befreiungsnationalismus", der zusammen mit Eichbergs „progressivem Nationalismus" den Nationalismus für die jungen Rechten endgültig vom Stigma der Alten Rechten befreite. Strauss' heftiger Antikommunismus, sein „pathetisches Bekenntnis zu einem fast mythischen ‚Deutschland'"[71] und vielleicht auch sein Alter führten jedoch zu einem nur mehr untergeordneten Einfluss im nationalrevolutionären Milieu der 70er Jahre, obwohl er als Aktivist der ersten Stunde nach wie vor hohen Respekt genoss[72].

Wenn Eichberg und Strauss biographische Pole repräsentierten - akademischer Hintergrund und rationale, abstrakte Theorieerarbeitung bei Eichberg, aus biographischen Erfahrungen gespeiste Emotionalität bei Strauss - waren die maßgeblichen Figuren der Nationalrevolutionäre der 70er Jahre jedoch deutlich näher bei Eichberg anzusiedeln. Die meisten von ihnen wiesen eine deutliche Prägung durch den akademischen Hintergrund und das Selbstbewusstsein als Angehörige einer Generati-

---

69 Bartsch, Revolution, S. 29.

70 Strauss, Wolfgang, Trotz allem - wir werden siegen! Nationalistische Jugend des Ostens im Kampf gegen Kolonialismus, Imperialismus, Stalinismus und Arbeiterunterdrückung, München 1969.

71 Greß, Jaschke, Schönekäs, Neue Rechte, S. 313.

72 Bartsch, Revolution, S. 29.

on auf, die in der Zeit der Studentenrevolten ihre ersten politischen Gehversuche gemacht hatte[73].

Neben Eichberg gehörten zu dieser Gruppe der theoretischen und praktischen Führungsfiguren Uwe Michael Troppenz, der 1948 geboren wurde und unter dem Pseudonym Michael Meinrad insbesondere durch seine Betonung des Pazifismus und der Vorbildfunktion des chinesischen Modells auffiel, sowie Wolfgang Günther (Jg. 1941), der sich unter dem Pseudonym Gert Waldmann besonders den Erkenntnissen der Ethologie widmete. Ohne Anspruch auf Vollständigkeit seien noch der bereits genannte Sven Thomas Frank alias Alexander Epstein (Jg. 1943) sowie der Volkswirtschaftler Klaus-Dieter Ludwig (Jg. 1934) genannt, der unter dem Namen Fritz Joß vor allem an Konzepten zur Neugestaltung des Wirtschaftssystems arbeitete.

Die „Aktion Neue Rechte" (1972-1974)

Als die NPD ihr angestrebtes Ziel, den Einzug in den Bundestag, bei den Wahlen 1969 mit 4,3% der abgegebenen Stimmen nicht erreichen konnte, brachen bereits vorhandene Spannungen in der Partei auf. Die Niederlage wurde insbesondere dem Parteivorsitzenden Adolf von Thadden angelastet, der sich in seinen Bemühungen, der NPD ein seriöses Image zu geben, zu weit von den „aktionistischen"[74] Kräften der Partei entfernt hatte, die hauptsächlich durch den stellvertretenden Parteivorsitzende Siegfried Pöhlmann repräsentiert wurden. Von Thaddens Rücktritt 1971 und die Wahl des Kompromisskandidaten Martin Mußgnug konnten die Wogen nicht glätten. Auf dem bayerischen Landesparteitag der NPD am 9.1.1972 in München erklärte Pöhlmann nicht nur seinen Rücktritt, sondern auch den Austritt aus der NPD, die in seinen Augen abgewirtschaftet hatte. Am gleichen Tag gründete er im Augustiner-Keller die *Aktion Neue Rechte* (ANR) als künftiges Sammlungsbecken für enttäuschte Rechte. Etwa 350 NPD-Mitglieder folgten ihm und traten der neuen Organisation bei.

Laut Bartsch wurde Pöhlmann am Vorabend dieser Ereignisse von zwei jungen Parteimitgliedern auf die zufällige Anwesenheit Henning Eichbergs in München aufmerksam gemacht, der offenbar auch in der NPD als versierter Stilist und Theoretiker aufgefallen war. Auf Bitte Pöhlmanns schrieb er in noch derselben Nacht das Manifest der am

---

73 Greß, Jaschke, Schönekäs, Neue Rechte, S. 302.

74 Feit, S. 42.

nächsten Tag zu gründenden Bewegung, das am nächsten Tag mit einer Änderung beinahe einstimmig angenommen wurde[75].

Henning Eichberg gab sich dabei entweder keine Mühe, sein Werk auf die Zielgruppe abzustimmen, oder sah eine Chance, der nationalrevolutionären Bewegung endlich eine einigende Plattform zu geben: Die Thesen des Manifestes beinhalteten von der Solidarität mit den osteuropäischen Befreiungsbewegungen über Verhaltensforschung, progressiven Nationalismus und Ökologie bis hin zur sozialistischen Revolution und der Einigung Europas in neurechter Rhetorik alle Themen, die in den Basisgruppen der vergangenen Jahre behandelt worden waren[76]. Eichberg selbst blieb als Verfasser des Manifests aber anonym und wurde auch nicht Mitglied der ANR.

An die revolutionäre Rhetorik ihres Manifestes knüpfte die ANR nicht an. In der Tat war sie mit einem Mitgliederstamm, der hauptsächlich aus enttäuschten Ex-NPD-Anhängern mit einem Durchschnittsalter von 46 Jahren bestand, auch kaum die Organisation der rebellierenden Jugend, die sich die Nationalrevolutionäre vielleicht erträumt hatten. Dennoch setzten diese noch Hoffnung in die Vorstellung, die ANR unterwandern zu können. Als sich Pöhlmanns Kurs, die ANR zu einer Alternativ-NPD zu machen, in der parteieigenen Zeitung *Recht und Ordnung* abzeichnete und er überdies noch in Kooperation mit Gerhard Frey, dem Herausgeber der *Deutschen National-Zeitung* trat, riefen die Wortführer der Nationalrevolutionäre die Mitglieder der Basisgruppen zum Eintritt in die ANR auf, um das entstehende Ungleichgewicht auszubalancieren. Überdies kam es von Seiten des nationalrevolutionären Flügels zu gesteigerter publizistischer Tätigkeit: Eine der ersten Nummern der von den jungen Aktivisten herausgegebenen Alternativ-Parteizeitung *Neue Zeit* erschien mit dem Bild Ferdinand Lassalles auf der Titelseite[77].

Mit dem Anwachsen einer lautstarken Gruppe junger, offen Hitler und den Nationalsozialismus verherrlichender Mitglieder lähmten die immer stärker werdenden internen Spannungen zwischen den Flügeln das Aktionspotential der ANR vollends. Angesichts dieser Situation kam es Anfang 1974 zu einem Putschversuch des nationalrevolutionären Flügels, der einen „Notvorstand" formte und den bisherigen Vorsitzenden Pöhlmann abzusetzen versuchte. Im weiteren Lauf der Ereig-

75 Bartsch, Revolution, S. 146.

76 Aktion Neue Rechte, Manifest einer europäischen Bewegung, abgedruckt in: Junges Forum (1972), H. 1, S. 15–18.

77 Bartsch, Revolution, S. 149.

nisse kam es zu weiteren gegenseitigen Absetzungen der verschiedenen Flügel, in dem der nationalrevolutionäre Notvorstand auf gerichtlichem Wege wesentliche Teile der Infrastruktur der ANR für sich gewinnen konnte, den folgenden Rechtsstreit um den Namen „Aktion Neue Rechte" jedoch verlor. Die ANR war entlang der Trennlinien Nationalkonservative gegen Nationalrevolutionäre, der personell auch ein Generationenkonflikt alt gegen jung war[78], endgültig zerbrochen.

Die Sache des Volkes/Nationalrevolutionäre Aufbauorganisation (SdV/NRAO) (1974 - 1980)

Der nächste Schritt musste der Aufbau einer eigenen, genuin nationalrevolutionären Organisation sein. Grundsätzlich waren die Bedingungen für eine neuartige politische Bewegung von rechts gut: Zu dem Zeitpunkt der Spaltung der ANR hatte ein Unsicherheitsgefühl und das Bewusstsein einer tiefgehenden Krise die Bundesrepublik erfasst. Die Stagnation der Entspannungspolitik zwischen Ost und West sowie der Rücktritt Willy Brandts waren zusammen mit der steigenden Zahl von Arbeitslosen, die auf tiefgreifende ökonomische Strukturprobleme schließen ließen[79], nur deren oberflächliche Zeichen. Aufgeschlossenheit gegenüber Lösungsansätzen von rechts war weit verbreitet: „Links ist nicht mehr ‚in', links ist Scheiße"[80].

Wohl zur Einigung der eigenen Reihen leitete der Notvorstand, dessen eigentliche Aufgabe die Gründung einer nationalrevolutionären Aufbauorganisation war, zunächst eine großangelegte Kampagne zur Demonstration der Solidarität mit den irischen Befreiungskämpfern ein. Dass diese scheiterte, weil niemand in Irland die gesammelten 5000 Unterschriften entgegennehmen wollte[81], war ein ungünstiges Vorzeichen für die Einheit der Nationalrevolutionäre, die in der Tat noch vor der Gründungsversammlung in zwei Teile zerfielen.

Die ideologischen Differenzen zwischen der Gruppe um Henning Eichberg, die Revolution, Rationalität und nationalen Sozialismus in den Mittelpunkt stellte, und der Hamburger Basisgruppe um den zehn Jahre älteren Lothar Penz, dessen langjährige Zusammenarbeit mit Eichberg nicht verdecken konnte, dass er sich theoretisch auf anderen Bahnen bewegte, brachen nun auf. Als sich abzeichnete, dass man für

---

78 Ebd., S. 152.

79 Feit, Neue Rechte, S. 48.

80 Tendenzwende: Jeder fühlt den neuen Wind, in: DER SPIEGEL (1975), H. 1, S. 19–20, S. 20.

81 Bartsch, Revolution, S. 162.

eine organisatorische Zusammenarbeit eine verbindliche gemeinsame Grundlage sowie geschärfte Begrifflichkeiten brauchte und die Gegnerschaft zur Alten Rechten nicht mehr als einigendes Element ausreichte, wurde klar, dass Lothar Penz' seit den 60er Jahren entwickelter „Solidarismus" nicht mit dem revolutionären Elan der Nationalrevolutionäre kompatibel war. Penz berief sich maßgeblich auf die naturalistische Lebensphilosophie E. G. Kolbenheyers, propagierte einen wie auch immer gearteten ganzheitlichen Ansatz als Dritten Weg zwischen Kapitalismus und Kommunismus und setzte an Stelle von Rationalität, Fortschrittsgläubigkeit und Revolutionsrhetorik das Konzept eines esoterisch angehauchten „Bio-Humanismus"[82].

Mit dem Vorwurf, die Nationalrevolutionäre würden lediglich Negativaussagen treffen und die Revolution, die lediglich Mittel zum Zweck der Errichtung eines solidaristischen Staates sei, zu sehr zum Kernbestand ihrer folglich destruktiven Ideologie erheben, blieb die Hamburger Basisgruppe der Gründungsversammlung der nationalrevolutionären ANR-Nachfolgeorganisation folglich demonstrativ fern. Als organisatorische Plattform gründete sie im August 1974 die damals etwa 100 Mitglieder umfassende *Solidaristische Volksbewegung* (SVB)[83], die später durch die Mitwirkung an der Ökologie- und Friedensbewegung sowie bei den Grünen versuchte, in diesem Bereich Fuß zu fassen.

Die neue Zentralorganisation der verbliebenen Nationalrevolutionäre – Bartsch beziffert diese mit etwa 1000 und der fünffachen Zahl an Sympathisanten, was wohl übertrieben ist – wurde am 31.8.1974 im hessischen Frankenberg unter dem Namen *Sache des Volkes/Nationalrevolutionäre Aufbauorganisation* (SdV/NRAO) gegründet. Das Gründungsmanifest bekannte sich zu den Prinzipien des parlamentarischen Systems und forderte die Einheit der nationalen, sozialistischen und ökologischen Revolution, die in den Herrschaftsverhältnissen ihren gemeinsamen Gegner fänden[84]. Als angestrebtes Ziel wurde der „Sozialismus des eigenen nationalen Weges" genannt, der sich rhetorisch vom vorher gebrauchten Begriff des nationalen Sozialismus aufgrund dessen unerwünschter Assoziationen abhob. Intern begann sich seit der Gründungsversammlung die von Henning Eichberg eingeführte Anrede „Genosse" statt „Kamerad" zu etablieren[85].

---

82 Penz, Lothar, Die Revolution ist anders! Der europäische Rationalismus am Ende seiner Möglichkeiten, in: Junges Forum (1971), H. 2, S. 3–20, S. 12.

83 Bartsch, Günter, Sache des Volkes (nationalrevolutionär) und Solidaristen, in: Criticón 26 (1974), S. 272, S. 272.

84 Manifest der Sache des Volkes, in: Rebell 4 (1974), H. 2-4, S. 1–2, S. 2.

85 Bartsch, Revolution, S. 168.

Die Organisation verstand sich von Anfang an als strenger Kaderverband. Mitglieder mussten eine sechsmonatige Probezeit auf sich nehmen, verpflichtend bestimmte Schriften erwerben und studieren sowie einen hohen Mitgliedsbeitrag zahlen. Ideologiediskussionen fanden bei der Gründungskonferenz nicht statt; eine gemeinsame ideologische Basis wurde wohl als gegeben angenommen, obwohl sich diese in der näheren Zukunft bei der Erarbeitung eines ausführlichen Programmes als durchaus fragil erweisen sollte. Der beibehaltene Untertitel der *Nationalrevolutionären Aufbauorganisation* wies auch darauf hin, dass man wohl noch nicht glaubte, den endgültigen organisatorischen Schlusspunkt schon gefunden zu haben.

In den folgenden Jahren konnte die SdV einige Erfolge erzielen: 1976 wurde der *Nationalrevolutionäre Bund* (NRB), eine nationalrevolutionäre Vorfeldorganisation für Mitglieder der JN, in die SdV integriert[86], 1977 die Tochterorganisation *Volkskampf – NRAO* in Österreich gegründet. Im November 1977 schließlich wurde auf dem 5. Zentralkongress der SdV in Simtshausen das nationalrevolutionäre Programm veröffentlicht, das die Programmatik der SdV in fünf Aktionsfelder unterteilte: Die nationale Revolution durchzuführen, den genossenschaftlichen Sozialismus aufzubauen, ökologisch zu leben, die Kultur zu revolutionieren und Demokratie zu verwirklichen.

Schon alleine rhetorisch war man damit gegenüber dem drei Jahre früher verabschiedeten Gründungsmanifest ein Stück in die Richtung der Linken gerückt. Diese Verschiebung trug maßgeblich die Handschrift Eichbergs, der zusammen mit den nordrhein-westfälischen Basisgruppen eine „Öffnung nach links“[87] anstrebte. In den sich ausbildenden rivalisierenden Strömungen innerhalb der SdV setzte er sich damit in Opposition zu der nationalistischeren Strömung um die APM einerseits und die „quasisozialistische“[88] Fraktion um die Düsseldorfer Zeitschrift *laser* andererseits, für die die SdV Ende der 70er Jahre bereits zu rechtsreaktionär geworden war. Diese gründete 1980 mit einigen Basisgruppen die SdV-Nachfolgeorganisation *Nationalrevolutionärer Koordinationsausschuß* (NR-KA). Einige bedeutende Aktivisten hatten sich zu diesem Zeitpunkt bereits aus der politischen Arbeit zurückgezogen, wie Gert Waldmann und Michael Meinrad meist zugunsten ihrer akademischen Karriere.

---

86 Pröhuber, Die nationalrevolutionäre Bewegung, S. 37.

87 Greß, Jaschke, Schönekäs, Neue Rechte, S. 255.

88 Feit, Neue Rechte, S. 60.

Diese Zerfaserung der nationalrevolutionären Bewegung, die mit dem Tenor „Die Fronten klären!“ zu ausführlichen Diskussionen über „Noch nicht“- und „Nicht mehr“-Nationalrevolutionäre[89] führte, war vermutlich schon in den ideologischen Differenzen der Basisgruppenzeit angelegt. In den 80er Jahren führte jedoch zur völligen Bedeutungslosigkeit der Nationalrevolutionäre. Das Bundesamt für Verfassungsschutz konstatierte bereits 1977, dass es kaum eine nationalrevolutionäre Gruppe mehr gäbe,

> „die mit einer anderen in den ideologischen Vorstellungen von einem eigenständigen dritten Weg zwischen dem ‚kommunistischem Staatsbürokratismus‘ und dem ‚westlichen Kapitalismus‘ übereinstimmt. Nur noch etwa 200 Personen gehören der ‚Neuen Rechten‘ an. Nennenswerte politische Aktivitäten in der Öffentlichkeit waren - wie schon seit Jahren - auch 1977 nicht mehr festzustellen“[90].

---

89 Körber, Michael, Die Fronten klären!, in: laser 2 (1979), H. 18, S. 3–11, S. 10.

90 Der Bundesminister des Innern (Hg), Verfassungsschutzbericht 1977, Bonn 1978, S. 44.

3. Die politische Theorie der Nationalrevolutionäre

Logischer Empirismus als nationalrevolutionäre Erkenntnistheorie

Ideologische Differenzen zwischen den einzelnen nationalrevolutionären Gruppierungen hatten also zu deren organisatorischer Spaltung und somit Bedeutungslosigkeit geführt. Dies bedeutete jedoch nicht, dass es keinerlei gemeinsame theoretische und ideologische Grundlage gab. Vielmehr bestand der überwiegende Teil der Aktivitäten der Basisgruppen zu Beginn der 70er Jahre aus der Erarbeitung und Diskussion eben dieser gemeinsamen politischen Ideologie mit umfassendem Anspruch.

Obwohl Meinungsverschiedenheiten in Detailfragen nie zu einem vollständigen Konsens aller Theoretiker führten, soll hier dennoch versucht werden, die Grundzüge der erarbeiteten Theorie herauszustellen, indem nach einer Auswertung der relevanten Quellen wiederkehrende Motive und Ideologeme systematisiert dargestellt werden. Ob die folgende Darstellung in der Setzung der Prioritäten bei den nationalrevolutionären Aktivisten allerdings einen breiten Konsens gefunden hätte, ist im Nachhinein nicht feststellbar: Trotz aller publizistischer Aktivitäten in Form von Zeitschriften und Magazinen kam es zu keinem Versuch, den Stand der Theorieerarbeitung in Form einer Monographie festzuschreiben, in der alle Teile der zu schaffenden Weltanschauung zu einem in sich schlüssigen Ganzen zusammengefügt worden wären.

Ein Punkt, über den jedoch völliger Konsens herrschte, war die Notwendigkeit der Vernunft, Logik und Kohärenz, also des rationalen Vorgehens bei der Schaffung des umfangreichen Theoriegebäudes[91], an dem sich die politische Praxis orientieren können sollte und das den Kern der politischen Arbeit der Nationalrevolutionäre bildete: Das stolze Bekenntnis zum Irrationalen und zur Theorieferne sei schließlich einer der Hauptgründe, warum die Alte Rechte unter Intellektuellen bedeutungslos geworden sei und folglich einer Erneuerung bedürfe[92].

Insofern war es durchaus schlüssig, dass vor allem Henning Eichberg als der wohl konsequenteste Vordenker der Nationalrevolutionäre sich mit den Grundlagen beschäftigte, auf denen das neue politische Denken

---

91 Meinrad, Michael, Idealismus und Rationalismus als Einheit, in: Fragmente 32 (1973), S. 31–34, S. 31.

92 Eichberg, Henning, „Modernismus" oder irrationale Hingabe?, in: Junge Kritik 1 (1970), S. 71–76, S. 76.

basieren sollte. Der Bestimmung einer angemessenen Methodik der Erkenntnis maß er entscheidende Bedeutung bei:

> „Jede Weltanschauung - als Antriebs- oder Steuerungssystem von Orientierungen und Wertungen in gesellschaftlichen Großgruppen - hat ihre Grundlage in einer spezifischen Art, zu denken und zu Erkenntnissen zu kommen"[93].

Erkenntnisse ohne entsprechende Erkenntnistheorie und eine aus ihr resultierende Möglichkeit, die Erkenntnisse einzuordnen, seien also nutzlos. Ebenso zum Scheitern verurteilt sei der Anspruch, die Qualität verschiedener Erkenntnistheorien anhand objektiver Kriterien messen zu wollen - diese seien den jeweiligen Erkenntnistheorien immanent und somit ohne Letztbegründung. Möglich jedoch sei es, ein Kriterium aufzustellen, das zumindest den evolutionären Erfolg verschiedener Erkenntnistheorien und Wissenschaftskonzepte im Laufe der - europäischen - Geschichte wahrnehmbar und messbar mache: Der jeweilige technologische und naturwissenschaftliche prognostische Erfolg sowie der Fortschritt im kulturellen Bereich[94].

Besonders erfolgreich erschien Eichberg dabei die Wissenschaftstheorie des Logischen Empirismus in seiner Weiterentwicklung als Kritischer Rationalismus, die er als spezifisch europäisch verstand. Durch die einzigartige Verbindung von Logik und Empirie, deren historische Entwicklung beginnend im Mittelalter über die Renaissance bis hin zum Wiener Kreis, Lenins Auseinandersetzung mit Ernst Mach[95] und zu den Schriften Karl Poppers Eichberg akribisch nachzeichnete, sei die Sonderstellung Europas als einzige permanent fortschreitende Gesellschaft überhaupt erst ermöglicht worden. Der Logische Empirismus biete sich somit für die Zwecke „einer kulturrevolutionären jungen Generation in besonderer Weise an"[96]. Er sei jedoch nicht nur Erkenntnistheorie, sondern auch Mittel zum Zweck, und zwar als „Hauptinstrument zur bewußten Lenkung der kulturellen Evolution, welche die biologische fortsetzt"[97].

---

93 Eichberg, Henning, Logischer Empirismus, in: Junge Kritik 3 (1973), S. 89–132, S. 88.

94 Ebd., S. 98.

95 Eichberg, Henning, Unsere Erkenntnistheorie, in: Ideologie & Strategie 7 (1973), S. 1, S. 1.

96 Eichberg, Logischer Empirismus, S. 127.

97 Bartsch, Günter, Das okzidentale Syndrom in der Konzeption Henning Eichbergs. Theorie, Wert und Problematik, in: Criticón (1974), H. 5, S. 215–216, S. 216.

Praktikable Alternativen zum Logischen Empirismus sah Eichberg nicht. Ungeeignet für die nationalrevolutionäre Bewegung hingegen seien zunächst Erkenntniskonzepte, die von einem den Dingen übergeordneten Sinn ausgehen, idealistisch-nominalistische oder romantische Elemente beinhalten und die Erkenntnisse der Naturwissenschaften ignorieren - dazu gehörte für ihn vor allem die Kritische Theorie der Frankfurter Schule, deren Irrationalismus und Kulturpessimismus er als nicht fortschrittsfördernd abtat[98]. Dieses Argument, das der fehlenden naturwissenschaftlichen Relevanz, gälte - zumindest in der Theorie - auch für den wichtigsten Gegenspieler des Logischen Empirismus: Den orthodoxen dialektischen und historischen Materialismus, dem Eichberg jedoch immerhin zugestand, ein aufgrund seiner prinzipiellen Kritikfähigkeit „brauchbares“[99] Modell von Geschichte und Gesellschaft geliefert zu haben.

Der marxistischen Erkenntnistheorie entgegengesetzt, jedoch gleichfalls zu verwerfen sei zudem noch die schwer zu definierende Herrschaftsideologie Westeuropas, der „Pseudopragmatismus“[100], der mit seiner Theorie- und Systematisierungsfeindlichkeit, der Beschränkung auf „nützliche“ Themen und des fehlenden Weitblicks ein im Grunde konservatives Weltbild fördere.

Der Logische Empirismus war für Eichberg also ohne echte Alternative, dennoch weise er bisher einen gravierenden Mangel auf: die Unfähigkeit, aus einer ethisch neutralen Wissenschaftstheorie Werte für das menschliche Zusammenleben abzuleiten. Eichberg identifizierte die Attraktivität des Marxismus gerade in diesem Punkt, also der Möglichkeit zur Schaffung konkreter ethischer Standards in der realen Welt. Die moralische Wirkmächtigkeit der marxistischen Erkenntnistheorie, ausgedrückt in den Studentenunruhen von 1967/68, zeige das Versagen des Positivismus und des Logischen Empirismus im Hinblick darauf, für die Jugend attraktive ethische Standards und Handlungsanweisungen zu schaffen.

Dieses Dilemma beruhe jedoch auf falscher Zurückhaltung. In Bezug auf die kybernetischen Forschungen Karl Steinbuchs stellte Eichberg fest, dass jede Form menschlichen Handelns auf eine implizite Werteskala zurückzuführen sei. Somit stelle auch eine vornehmlich neutrale Erkenntnismethode durchaus eine Wertentscheidung dar: „Aus dem Akzeptieren logisch-empirischer methodologischer Prämissen ergibt

98 Eichberg, Logischer Empirismus, S. 112.

99 Ebd., S. 118.

100 Ebd., S. 118.

sich auch umgekehrt bereits eine Werthaltung und damit eine Weltanschauung"[101]. Der genaue Inhalt dieser Werthaltung bliebe aber noch zu erforschen.

Mit seiner aus den Werten des Kritischen Rationalismus folgernden Forderung nach der „offenen Gesellschaft" habe Karl Popper damit schon in die richtige Richtung gedacht, jedoch die tatsächlichen Gegebenheiten politischer und anthropologischer Art ignoriert. Die wesentlichen Inhalte des nationalrevolutionären Weltbilds ergäben sich jedoch direkt aus dem nicht näher ausgeführten, dem logischen Empirismus innewohnenden Wertekanon: Die Ablehnung des Marxismus und ähnlicher Offenbarungslehren, die Errichtung eines „rationalen (also nichtmarxistischen) Sozialismus"[102] im Sinne Bertrand Russels sowie die Schaffung eines neuen europäischen bzw. okzidentalen Selbstbewusstseins. Die Entscheidung für diese Werte sei zwar in sich schlüssig, wie auch die Entscheidung für das empirisch-rationale Vorgehen im Grunde aber ohne Letztbegründung:

> „Dieser zweckgebundene Rationalismus kann nicht in seinen wissenschaftlichen Elfenbeinturm zurück, er verwirklicht eine Sache und damit sich selbst. Auch an seinem Ziel steht ein Wert - er heißt Europa. Es läßt sich nicht erklären"[103].

Das biologistische Menschenbild

Der Mensch als Triebwesen

> „Wer nach dem Schlüssel zu gesellschaftlichen Bewegungen und politischen Parteien sucht, der studiere ihr Menschenbild. Es enthält ihr Wesen und enthüllt ihre geheimsten Absichten"[104].

In besonderer Weise trifft diese Feststellung auf die nationalrevolutionären Theoretiker zu, die die Schaffung eines neuen, realistischen Menschenbilds als Grundlage jedweder Politik verstanden[105]. Angesichts der Wissenschafts- und Technikverliebtheit, die sie an den Tag legten, ist es kaum überraschend, dass sich dieses insbesondere auf die vorgeblich objektiven Erkenntnisse der zeitgenössischen Forschung aus

---

101 Ebd., S. 109.

102 Ebd., S. 124.

103 Meinrad, Michael, Das Prinzip Nationalismus, in: Junge Kritik 3 (1973), S. 7–16, S. 13.

104 Bartsch, Revolution, S. 42.

105 Malde, Axel; W.H., Menschenbild und Nationalismus, in: Ideologie & Strategie 16 (1975), S. 1–2, S. 1.

dem Bereich der Biologie und der vergleichenden Verhaltensforschung stützte. Trotz dem nationalrevolutionären Bekenntnis zur Rationalität als Grundlage des Theorieaufbaus wurde der Mensch eben gerade nicht als überwiegend von der Vernunft gesteuertes Wesen gesehen; vielmehr herrschten zwischen den irrationalen Trieben und dem rationalen Bewusstsein eine „ständige, sich noch ausgleichende Konfrontation"[106]. Die Rationalität könne aber einen analytischen und einordnenden konstruktiven Beitrag bei der Erforschung der menschlichen Irrationalität und damit des menschlichen Wesens leisten, um politische Handlungsanweisungen abzuleiten[107]: „Am Anfang der Analyse steht daher die Frage nach den anthropologischen Voraussetzungen"[108].

Gestützt auf die Forschungen der Ethologen Robert Ardrey und insbesondere Konrad Lorenz wurde insbesondere die von Lorenz als „pseudodemokratische Lehre" bezeichnete Vorstellung vom Menschen als ausschließlichem Produkt seiner Umwelt und seiner daraus folgenden prinzipiell beliebigen Formbarkeit abgelehnt. Sowohl Kapitalismus als auch Kommunismus, die beiden großen Unterdrückerideologien, manipulierten die ihnen unterworfenen Völker mit der Annahme der prinzipiellen Gleichheit aller Menschen[109]. Die öffentliche Diskreditierung der Vermischung von Politik und Biologie hätte somit politische Gründe:

> „Daß die Anerkennung biologischer Realitäten zweifellos nicht faschistisch ist, nur weil einige Nationalsozialisten die Anthropologie nicht richtig verstanden haben, daß sie nicht die Akzeptierung bestimmter Gesellschaftsordnungen beinhalten muß, wird nicht eingesehen"[110].

Vielmehr hielten sich, laut den nationalrevolutionären Theoretikern, angeborene und damit unveränderliche und anerzogene, also prinzipiell veränderbare Verhaltensweisen etwa die Waage. An den biologischen Realitäten vorbei Politik zu machen, ergäbe also keinen Sinn:

---

106 W.M., Nationalismus und Soziologie, in: Ideologie & Strategie 5 (1973), S. 1–2, S. 1.

107 Eichberg, Henning, Rationales und Irrationales - Zur Begriffsklärung, in: Junges Forum (1971), H. 3, S. 15–17, S. 17.

108 Eichberg, Henning, Über den Weg der abendländischen Rationalität. Das neue futuristische Manifest, in: Junges Forum (1970), H. 5, S. 3–24, S. 3.

109 Waldmann, Gert, Das realistische Menschenbild (I), in: Ideologie & Strategie 8 (1973), S. 1–2, S. 1.

110 Meinrad, Prinzip Nationalismus, S. 14.

„Daher müssen alle aufzustellenden Normen mit den natürlichen (biologischen) Gesetzmäßigkeiten übereinstimmen“[111].

Aufgabe der Politik sei es also, der dem Menschen angeborenen Triebstruktur angemessene Umstände zu schaffen, die die Entfaltung der genetischen Dispositionen und Verhaltensweisen des Individuums – die in der modernen Zivilisation der Erhaltung der Art auch entgegenstehen könnten – zum Wohle der Gesellschaft ermöglichten[112].

Die natürliche Lebensweise des Menschen sei die eines Jägers und Sammlers gewesen, der, getrennt nach Stämmen, in einem strukturierten Gelände einigermaßen sesshaft gelebt hätte. Innerhalb der Kleingruppen hätte sich auf natürlichem Wege eine Funktionshierarchie ergeben[113]. Aus diesem Sachverhalt ergäben sich bereits zwei als Grundtriebe angenommene Verhaltensweisen, die für eine moderne Politik zu berücksichtigen wären: Die Neigung zur Besitznahme eines fest umrissenen Territoriums sowie die Organisation in (Klein)gruppen mit einer eigenen Gruppenidentität.

Der Trieb zur Territorialität und zur Verteidigung des eigenen Territoriums sei dabei eines der ältesten Antriebselemente des menschlichen Verhaltens und für wesentliche andere Triebe konstitutiv. Menschliche und tierische Gruppen fänden in der Kooperation zur Verteidigung und Bewahrung eines gemeinsamen Reviers eine Grundlage zur Ausbildung einer Gemeinschaft. Territorialstreitigkeiten zwischen rivalisierenden Gruppen hätten somit einen maßgeblichen Beitrag zu der Besiedelung und Kultivierung neuen Terrains geleistet, indem die jeweils unterlegene Gruppe auf neue Rückzugsgebiete ausgewichen wäre. Aus diesen Überlegungen, maßgeblich gestützt auf die Forschungen des Lorenz-Schülers Irenäus Eibl-Eibesfeldt, folgten für die Nationalrevolutionäre zunächst direkt Forderungen zur Eindämmung des Bevölkerungswachstums, da die Bevölkerungsdichte in den Ballungszentren des Westens sowie den Entwicklungsländern den Bedürfnissen des Menschen nach einem individuellen Territorium, ausgedrückt in der Verteidigung der persönlichen Distanzzone, nicht mehr entsprechen könnte. Neurosen, übertriebene Aggression und andere Verhaltensstörungen seien die Folge[114].

---

111 Waldmann, Gert, Verhaltensforschung und Politik, in: Junge Kritik 3 (1973), S. 17–47, S. 20.

112 Meinrad, Michael, Die Antwort des Neuen Nationalismus, in: Junges Forum (1972), H. 6, S. 3–27, S. 22.

113 Waldmann, Verhaltensforschung, S. 23.

114 W.H., Menschenbild und Sozialismus (I). Ansatzpunkt und Grundlagen einer humanen Gesellschaftsordnung, in: Ideologie & Strategie 17 (1976), S. 1–2, S. 1.

Kernpunkt der Anerkennung des menschlichen Territorialtriebs sei aber seine moderne Ausprägung im Nationalismus. Durch sein fortschreitendes Abstraktionsvermögen habe der Mensch im Laufe der Evolution sein Bedürfnis nach Überschaubarkeit innerhalb der eigenen Gruppe zugunsten des Gefühls der Zugehörigkeit zu einer abstrakten, größeren Gemeinschaft verdrängen können - der Nation, die aber erst durch das Bewusstsein ihrer selbst entstünde[115]. Nationalismus sei somit direkt im Menschen angelegt, die Leugnung nationalistischer Emotionen somit gegen die menschliche Natur:

> „Territorialität ist für den Menschen konstitutiv und existenzsichernd. Der Nationalismus ist die politische Ausprägung des Territorialverhaltens und dient der Arterhaltung, also einem biologischen Grundprinzip. Nationalismus ist Fortschritt im Sinne der Evolution"[116].

Im Sinne einer evolutionären Entwicklung seien die Territorialkämpfe unter den einzelnen Gruppen oder Nationen also prinzipiell zu begrüßen. Die Entwicklung moderne Massenvernichtungswaffen allerdings erzwinge in diesem Punkt ein Umdenken, da die ursprünglich arterhaltende Funktion der politischen Aggression nun in das Gegenteil der totalen Vernichtung umschlagen könne. Ziel sei also eine friedliche Koexistenz zumindest im Großraum Europa.

Innerhalb der durch Territoriumsabgrenzung konstituierten Gruppe griffen nun dem Territorialtrieb nachgeordnete Triebe, um ein funktionierendes Zusammenleben zu gewährleisten:

> „Durch Forderung spezifischer Leistungen schichtete sich die Gesellschaft so, daß optimale Individuen die besten Führungs- und Fortpflanzungsmöglichkeiten erhielten. Die Gruppe, die diesen Mechanismus der Ungleichheit am entschiedensten perfektionierte, setzte sich durch"[117].

Der als solcher bezeichnete Dominanztrieb, das angeborene Bedürfnis, andere zu beherrschen oder, falls dies nicht möglich sei, dem tüchtigsten Individuum zu folgen, sorgte in der Frühphase der Menschheit also für eine zwar einigermaßen stabile, aber dennoch dynamische Struktur in der Gesellschaft. Im Ringen um Ansehen und Führungspositionen sollte das Individuum an Identität innerhalb der Gruppe gewinnen und damit seine natürliche Disposition zur Aggression ausleben können. Die Gesellschaft bzw. die Art gewinne durch die sich erge-

115 Malde, Menschenbild, S. 1.

116 Waldmann, Verhaltensforschung, S. 28.

117 Eichberg, Manifest, S. 4.

bende Hierarchiestruktur an Effizienz, Zusammenhalt und Gruppenidentität.

Das hierarchische Prinzip sei somit ein unabänderlicher Teil der menschlichen Gesellschaft und somit aus Alternativlosigkeit erhaltenswert. Dies gelte aber nicht zwangsläufig auch für die faktisch existierenden, gewachsenen Hierarchien in den Gesellschaften, da die durch die Bevölkerungsexplosion und Massengesellschaft verlorengegangenen persönlichen Bindungen des Individuums zu seinen Führungspersonen elementar für die Auswahl der besten Individuen waren. Vorhandene politische Führungspersönlichkeiten müssten also kritisch geprüft und notfalls ersetzt werden, wenn sie den Ansprüchen der Gruppe nicht genügen sollten[118].

Dabei wurde jedoch stets betont, dass die faktische Ungleichheit und Verschiedenheit der Menschen keinesfalls eine Verschiedenwertigkeit bedeute. Das zeitgenössische Streben nach der unmöglich zu verwirklichenden Gleichheit verhindere nämlich das Erreichen des realistischeren Ziels einer gerechten Gesellschaft, die jedem Chancengleichheit und die Möglichkeit böte, seine ihm eigenen genetischen Begabungen entfalten zu können[119]. Diese aus dem Dominanz- und Unterwerfungstrieb abgeleitete gerechte Leistungsgemeinschaft sollte die Grundlage für die anzustrebende Gesellschaftsordnung bilden:

> „Diese neue Ethik [ermutigt] den Menschen auch (...), sein tierisches, evolutionäres Erbe zu achten, es zu akzeptieren und, wenn es sein muß, auch zu beherrschen. Eine solche Basis des Denkens eröffnet auch neue Chancen für einen ‚wirklichen Sozialismus'"[120].

Die Einteilung in Rassen

Ein weiteres Element in der sich selbst als wissenschaftlich-kritisch verstehenden Konzeption des Menschen war insbesondere in der Frühphase der nationalrevolutionären Bewegung die Einteilung der Menschheit in Rassen. Diese sei eine „anthropologische Tatsache"[121] und es liege auf der Hand, dass „erblich-biologische Differenzierungen innerhalb der Menschheit das Vorhandensein auch geistig-psychologischer Verschiedenheiten nahelegen"[122].

---

118 Waldmann, Verhaltensforschung, S. 38.

119 Ebd., S. 40.

120 Waldmann, Gert, Sind Christentum und Marxismus geistig überholt?, in: Fragmente 31 (1972), S. 11–14, S. 14.

121 Eichberg, Totale Nation, S. 21.

122 Ebd., S. 21.

Relativ gut unterscheidbar erhalten hätten sich weltweit die drei Großrassen der Europiden, Mongoliden und Negriden. Eine weitergehende Differenzierung innerhalb der Großrassen vorzunehmen, sei jedoch aufgrund der schon viel zu weit fortgeschrittenen Vermischung untereinander nicht sinnvoll. Die Großrassen würden sich dabei voneinander nicht nur physiologisch, sondern auch durch Charakterunterschiede, Mentalitäten, Verhaltensweisen und Werte unterscheiden; die Rassenzugehörigkeit gehöre somit zu den grundlegenden Bestandteilen der Identität eines Menschen.

Durch Kolonisierung und Vermischung der Rassen untereinander entstünden Gefühle der Entfremdung und Spannungen, die sich zunehmend gewaltsam entlüden. So seien beispielsweise die vordergründig sozialen Probleme nur der Anlass, an dem sich die Unruhen des Sommers 1967 in den USA entzündet hatten, „die Ursache aber (…) die rassische Verschiedenheit der Beteiligten“[123].

Wiederum betonten die Nationalrevolutionäre allerdings, dass die Einteilung der Menschen in Rassen keinesfalls eine Bewertung derselben bedeute, ja „die Anreicherung wissenschaftlicher Feststellungen mit Elementen des Wertens“ eine „große Gefahr“[124] oder schlicht „blödsinnig und ein Verbrechen an der Menschheit noch dazu“[125] sei. Das Feindbild der neuen Nationalisten seien nicht andere Rassen und Völker, sondern die „One-World-Propagandisten“[126], Kapitalisten und Kommunisten, die aus Einzelinteressen und Profitgier die wahre Natur des Menschen ihrer Ideologie gewaltsam unterzuordnen versuchten:

> „Das ist der inhumane Kern der Linken: die linke Theorie kümmert sich nicht um die Natur des Menschen, sondern fordert, daß sich der Mensch den linken Doktrinen fügt. Die Widersprüche zwischen Theorie und Praxis werden nur folgerichtig durch Terror und Völkermord auszuräumen versucht“[127].

Nur ein Menschenbild, das die Verschiedenheit der Völker und Rassen berücksichtige, sei folglich human, die so genannte Ideologie der Gleichheit ende stets im gewaltsamen Zwang.

---

123 Waldmann, Gert, Amerika heute - und morgen Europa?, in: Fragmente 11 (1967), S. 30–33, S. 30.

124 Eichberg, Totale Nation, S. 26.

125 Der Nationalrevolutionäre Weg, in: Rebell (1972), H. 7, S. 1–2, S. 1.

126 Waldmann, Amerika, S. 30.

127 Ethnopluralismus. Weltordnung ohne Denkfehler, in: Im Brennpunkt (1972), H. 3-4, S. 22–24, S. 23.

Im Falle der USA wurden beispielsweise afroamerikanische Bewegungen unterstützt, die kulturelle Emanzipation und politische Trennung forderten:

> „Es ist (...) keineswegs lächerlich, wenn heute ein junger schwarzer Professor am State College von San José in Kalifornien zum Unterricht in Leopardenfell, mit Spitzbart, Sonnenbrille und Barett der „Schwarzen Panther" erscheint. Und es war ein politisch bedeutsamer Augenblick der Olympiade von Mexiko, als die farbigen US-Sieger bei der Ehrung die schwarzbehandschuhte Faust erhoben, um die Solidarität ihrer Rasse zu demonstrieren. Während 1954 (...) das oberste Bundesgericht der USA die Formel „seperate (!) but equal" (...) gegen die weißen Segregationisten verwarf, kehrt heute die junge, selbstbewußte schwarze Generation just zu diesem Prinzip zurück: Gleichheit und Gerechtigkeit kann nur eine autonome Rasse garantieren"[128].

Auch die südafrikanische Apartheid wurde folglich als zukunftsweisend empfohlen[129].

Zur Untermauerung der These der grundlegenden Unterschiede zwischen den einzelnen Rassen wurden insbesondere die Forschungen des US-amerikanischen Intelligenzforschers Arthur Jensen rezipiert, der seine Experimente und Thesen über rassenspezifische Intelligenzunterschiede sogar direkt in Form eines Interviews mit der nationalrevolutionären Jugendzeitschrift *Im Brennpunkt* präsentieren konnte[130]. Jensens Befunde über die Erblichkeit von Intelligenz und die von Rasse zu Rasse unterschiedliche Lernstruktur wurden dabei unter anderem auch in die Richtung der Notwendigkeit eugenischer Maßnahmen gedeutet, die den Erhalt der reinen Rassen und die Verhinderung von Vermischung und erblichen Krankheiten sicherstellen sollten[131].

Wie auch die Thematisierung der Rassenfrage allgemein wurde dieses Thema im Laufe der siebziger Jahre jedoch immer seltener angeschnitten; der Schwerpunkt verlagerte sich von biologisch geprägten Konzepten von Gruppenidentität auf eher kulturelle.

Anzumerken ist noch, dass die Nationalrevolutionäre sich dezidiert gegen Antisemitismus wandten, insbesondere den rassisch geprägten: Durch den Nationalsozialismus sei „eine Jahrhunderte alte deutsch-

128 Eichberg, Totale Nation, S. 24-25.

129 Waldmann, Amerika, S. 30.

130 Rasse & IQ. Interview mit Prof A. Jensen, in: Im Brennpunkt (1972), H. 3-4, S. 25–29.

131 Mourreau, Jean-Jaques, Eugenik. Historischer Überblick, in: Junges Forum (1972), H. 5, S. 3–29.

jüdische Symbiose zerstört, ein wertvoller Teil unseres Volkes unserer (und seiner) Nation entfremdet"[132] worden.

Nationalismus als Grundlage einer neuen Gesellschaftsordnung

Progressiver Nationalismus

Ob streng rational aus dem bisher Dargestellten hergeleitet oder eher emotional begründet: Dass der Nationalismus einer der Kernpunkte der Weltanschauung der Nationalrevolutionäre war, ist offensichtlich. Es überrascht daher umso mehr, dass dieser Dreh- und Angelpunkt des gesamten Theoriegebäudes in den Diskussionen zum einen in einer Art definitorischer Unbestimmtheit verblieb, zum anderen relevante Details des Themas innerhalb des Untersuchungszeitraums einer gewissen Wandlung unterlagen. Gleiches gilt auch für die verwandten, aber oftmals unscharf voneinander getrennt verwendeten Begriffe Nation, Volk, Kultur, Ethnie und Reich - Definitionsversuche finden sich in den ausgewerteten Quellen kaum oder bestehen aus meist unverbunden nebeneinandergestellten Einzelthesen[133].

Inwiefern die Unschärfe des Nationalismusbegriffes den Autoren bewusst war, ist im Einzelfall schwer zu sagen. Teilweise war sie aber sicher auch gewollt:

> „Nationalismus ist keine Ideologie an sich, sondern (...) ein Kulminationspunkt unterschiedlicher Ideenbestandteile. Ausgehend von einem nicht fixierten theoretischen Standort, kann er Elemente des konservativen und liberalen Geistes gut integrieren, ist aber in erster Linie - analog der Zeitsituation - national- und sozialrevolutionär. Seine offene theoretische Haltung verschafft dem Nationalismus eine problemnahe, realistische Position"[134].

Dennoch lässt sich die Konzeption des oftmals so bezeichneten „Neuen Nationalismus" der Nationalrevolutionäre zumindest grob umreißen, insbesondere über Abgrenzungen: Nichts gemein wollte man mit dem Nationalismus des bürgerlich-reaktionären Lagers haben, der sich durch seine Orientierung an der Außenpolitik und einem statischen Welt- und Feindbild auszeichnete. „Nationalismus ist für sie [die Konservativen und Traditionsrechten, B.S.] eine defensive Haltung (...), Feinde sind andere Völker, die dem deutschen Volk angeblich Unrecht

---

132 Eichberg, Totale Nation, S. 30.

133 Beispielsweise: Arbeitskreis Junges Forum, Thesen des Neues Nationalismus, in: Junges Forum (1972), H. 1, S. 3–12, auch Meinrad, Antwort.

134 Nationalismus konkret, in: Neue Zeit (1976), H. 1, S. 9–11, S. 11.

getan haben“[135] – diese restaurativ-emotionale Haltung stand diametral zur Selbstwahrnehmung der Nationalrevolutionäre. Generell sei das gängige Verständnis des Nationalismus von den „Bezugssystemen Traditionalismus, Autorität und Konservatismus“[136] her nicht zutreffend. Vielmehr sei er als identitätsstiftender Faktor in einer den natürlichen Bedürfnissen des Menschen nicht zuträglichen Gesellschaft „nicht als einfache Reaktion auf die Moderne zu interpretieren, sondern er ist vielmehr selber ein Produkt dieser Moderne“[137].

Wiewohl der Nationalismus in seiner Funktion durchaus rational sei[138], basiere er im Grunde auf Emotionen der Zusammengehörigkeit, die sich zu einer „kollektiven (nicht kollektivistischen) Selbstbejahung über die materielle Daseinsbehauptung hinaus“[139] steigerten und im Kern unreflektiert seien. Gemeinschaftsstiftende Wirkung ähnlich der emotionalen Anziehungskraft der Nation hätten zwar auch Religionen oder Ideologien wie beispielsweise der Demokratiegedanke; jedoch wären erstere zumindest in Europa auf dem Rückzug, letzterer sei für eine dauerhafte Politisierung der Masse zu abstrakt[140].

Obwohl, wie schon dargestellt, der Trieb zur Gemeinschaft und zum Territorium als anthropologische Konstanten galten, sei der Nationalismus als revolutionäre Bewegung aber ein Phänomen, das erstmalig im Europa des ausgehenden 18. Jahrhunderts zu beobachten sei[141] und seitdem stetig fortschreite[142]. Die gegenteilige Annahme, nämlich dass die Weltgeschichte eine Entwicklung von lokalen über nationale hin zu nationenübergreifenden Einheiten des Zusammenlebens darstelle, sei empirisch nicht haltbar und somit „heilsgeschichtlich“[143].

---

135 Malde, Axel, Nationalismus, in: Ideologie & Strategie 3 (1972), S. 1–2, S. 2.

136 Eichberg, Henning, Vorbemerkung zu Michael Meinrad, Die Antwort des Neuen Nationalismus, in: Junges Forum (1972), H. 6, S. 3–4, S. 3.

137 Malde, Menschenbild, S. 2.

138 Nationalismus konkret, S. 9.

139 Grabowski, Manfred, Nationalismus ist Wille zur Freiheit, in: Junge Kritik 1 (1970), S. 111–118, S. 112.

140 Eichberg, Nationalismus ist Fortschritt. Eine Studie über die jungen fortschrittlichen Nationalisten in Frankreich, S. 1.

141 Nationalismus, in: Nationalrevolutionär 1 (1977), S. 3–31, S. 3.

142 Eine bewusste Unterscheidung zwischen dem in den menschlichen Trieben begründeten Nationalismus und der politischen Bewegung des 18. Jahrhunderts macht Henning Eichberg zwar in seiner Habilitation (Eichberg, Weg des Sports, S. 71 f.), nicht aber in seinen politischen Schriften.

143 Nationalismus, S. 6.

Vielmehr sei seit dem 18. Jahrhundert ein neues Verhalten der Völker zu beobachten, das sich einerseits an einer angeborenen Volksidentität des Individuums ausrichte, andererseits dazu tendiere, sich „durch den Willen"[144] zur (auch mehrere Völker umfassenden) Nation zu einer solchen zu formen. Kernpunkt dieser Antriebskraft war dabei die Frage nach der Identität des Menschen, die nur eine kollektive sein konnte[145].

Eben jene Identität des Menschen durch Verortung in seinem Volk und seiner Kultur sei durch die zunehmende Verbreitung universalistischer Ideologien in Gefahr. Dies resultiere in der wahren Entfremdung: Nicht, wie es der Marxismus konstatiert hatte, eine Entfremdung des Menschen von dem Produkt seiner Arbeit sei die Ursache des Unbehagens der protestierenden Jugend, sondern die Entfremdung von seiner (nationalen) Identität[146]. Der Kampf der Nationalrevolutionäre sei somit zwingend auch ein Kampf um die Identität, um die persönliche, nationale und soziale[147]. Diese Spielart des Nationalismus, interpretiert als Selbstfindung eines Volkes, sei vom Prinzip her progressiv, einerseits umstürzlerisch-revolutionär[148], andererseits innerhalb der Gemeinschaft egalisierend - man war „Volksgenosse"[149].

Die zwingende Verbindung des Nationalismus mit seinen sozialen bzw. sozialistischen Implikationen war dabei neben der Forderung nach der Wiedervereinigung und der europäischen Komponente wohl das wichtigste Element, das sich als roter Faden durch die diversen Nationalismusauffassungen der Nationalrevolutionäre zog:

> „Volkssolidarität bedeutet nationale Einheit und Stärke durch sozialistische Umstrukturierung. Das gehört zur politischen Logik: (...) Wer Nationalist ist, muß folglich auch Sozialist sein!"[150].

Wie unbestimmt der konkrete Inhalt hier beim Gebrauch des Sozialismusbegriffes also auch gewesen sein mag: In der Weltanschauung der Nationalrevolutionäre war dem Nationalismus die Forderung nach

---

144 Eichberg, Totale Nation, S. 14.

145 Eichberg, Henning, Von der Eigentümlichkeit des anderen, in: Eichberg, Henning (Hg.): Nationale Identität. Entfremdung und nationale Frage in der Industriegesellschaft, München 1978, S. 7-14, S. 7.

146 Ebd., S. 13.

147 Strauss, Wolfgang, Nationalrevolution und Moral, in: Ideologie & Strategie 28 (1978), S. 1-2, S. 1.

148 Eichberg, Henning, Nationalrevolutionäre Strömungen im modernen Europa, in: Burschenschaftliche Blätter (1974), H. 7, S. 169-172, S. 171.

149 Nationalismus, S. 25.

150 Meinrad, Antwort, S. 12.

Revolution, Angriff auf die herrschende Ordnung und bestehende Strukturen und der Solidarität gegen Unterdrückung inhärent. Gegner des Nationalismus seien somit stets die herrschenden Vertreter des Status quo, früher Feudaladel und Klerus, heute imperialistische Großmächte und ihre Vertreter[151], seine Ablehnung sei mithin „Herrschaftsapologetik"[152]. Das Prinzip Nationalismus sei nach innen und außen gültig sowie international:

> „Unter Nationalismus verstehen wir - und das ist das eigentlich Revolutionäre unserer Weltanschauung - ein als Prinzip anwendbares Ordnungssystem, das über den Rahmen der eigenen Nation weit hinausgeht"[153].

Praktizierte Solidarität innerhalb der Nation bedeutete also Sozialismus. Die Solidarität mit anderen Völkern mündete im Konzept des so genannten Befreiungsnationalismus.

„Befreiungsnationalismus" und internationale Solidarität

> „Der Nationalismus der einen Nation schließt nicht mehr den Nationalismus der anderen Nation aus, die Urgewalt und Aggressivität des Nationalismus, seine schöpferische Kraft, richtet sich jetzt gegen die intolerante Überfremdung durch die imperialistischen Herrscher-Cliquen. Wirkliche Aussöhnung und Verständigung unter den Völkern setzt die Liebe zum eigenen Volk voraus"[154].

In der Selbstwahrnehmung der Nationalrevolutionäre war diese neuartige Absteckung der Fronten wohl einer der größten Abgrenzungspunkte gegenüber der Alten Rechten. Statt sich in zerstörerischen Kämpfen mit anderen Völkern gegenseitig zu zerfleischen, waren für die jungen Nationalisten die Strukturen des „zerteilenden One-World-Imperialismus kapitalistischer und marxistischer Herkunft"[155] die Gegner, gegen die man unter dem Banner des Antiimperialismus vorgehen musste. Der Befreiungsnationalismus, der sich in der weltweiten Solidarität mit nationalistischen und separatistischen Bewegungen äußerte,

---

151 Nation und Revolution, in: Rebell (1972), H. 5, S. 1, S. 1.

152 Eichberg, Henning, Nationalismus und Leistungsgesellschaft. Zur gesellschaftlichen Funktion von Integrationsideologien, in: Criticón (1971), H. 6, S. 128–131, S. 129.

153 Meinrad, Michael, Nationalismus heißt Solidarität, in: Junge Kritik 2 (1971), S. 7-18, S. 9.

154 Ebd., S. 9-10.

155 Meinrad, Antwort, S. 7.

setzte den universalistischen Systemen Kapitalismus und Kommunismus die Vielfalt der nationalen Identitäten und ihrer politischen Autonomie entgegen.

Während es selten zu konkreten Akten der Solidarität kam, waren zahlreiche Beiträge in den relevanten Zeitschriften der Beschreibung und Bewertung nationalistischer Bewegungen in verschiedenen Teilen der Welt gewidmet. Grob lassen sich dabei drei Gruppen unterscheiden, die als Projektionsfläche für unterschiedliche Aspekte der Identifikation bzw. Solidarisierung dienten: Während die nationalistischen Strömungen in Südamerika (Peru, Bolivien, Argentinien)[156], im arabischen Raum[157] und vor allem in Osteuropa (Litauen[158], Ukraine[159]) insbesondere unter dem Blickwinkel des nationalen Befreiungskampfes gegen weltumspannende Unterdrückungssysteme wahrgenommen wurden, lag der Fokus bei der Rezeption der Bewegungen etwa im Elsass[160], in der Bretagne[161] und im Baskenland eher auf der nationale Identitätsfindung durch die Revitalisierung angeblich regionaler Traditionen und Eigenarten.

Stärker als Vorbild bzw. als die Vorstellung einer Gemeinschaft von Kameraden, die denselben Kampf kämpften wie man selbst, fungierte die revolutionäre Rechte in Frankreich und Irland. Die sich teilweise unter nationalistischem Vorzeichen formierten Studentenunruhen 1967/68 in Frankreich inspirierten die Nationalrevolutionäre mit ihrer theoretischen Unterfütterung, dem revolutionären Gestus, der Infragestellung sämtlicher Traditionen der Rechten und der Einbeziehung moderner Elemente in ihre Weltanschauung und Tradition stark:

> „Es ist etwas neu in 1967/68 (...) Re-Ideologisierung, neues Konfliktverhalten (...) Bereitschaft zur Militanz unter Einsatz der eigenen Person (‚antibürgerliches Verhalten'), Bereitschaft zur Identifikation, sei es mit der eigenen Nation, sei es mit fremden Nationen (Kuba, Vietnam, Volksrepublik China); all dies jedoch nie zur Zementierung eines bestehenden gesellschaftlichen Systems, son-

---

156 Volkmann, Alexander, Befreiungsnationalismus, in: Fragmente 36 (1974), S. 19–24, S. 21.

157 Nahost-Konflikt: Die Großmächte sind die Aggressoren!, in: Rebell 3 (1973), H. 4, S. 2, S. 2.

158 Freiheit für Litauen!, in: Rebell (1972), H. 7, S. 2.

159 Eichberg, Henning, Nationalrevolutionäre. Verhaltenswandel in den 1960er Jahren?, in: Eichberg, Henning (Hg.): Nationale Identität. Entfremdung und nationale Frage in der Industriegesellschaft, München 1978, S. 113–130, S. 119.

160 Aufs Butterbrot geschmiert, in: Junges Forum (1975), H. 3, S. 17.

161 Eichberg, Verhaltenswandel?, S. 116.

> dern stets zu dessen Zerstörung oder Veränderung (...) Unter dem Einfluß der neomarxistischen und antiautoritären Bewegung begann ein Rückbezug auf die anarchistischen Theoretiker der Vergangenheit, auf den Anarchosyndikalismus, auf Spartakus und den Luxemburgismus sowie auf die frühe Arbeiterliteratur und -kunst (...) Die neue Subkultur knüpft an an Jugendstil, Dada und den frühen Comic"[162].

Die Solidarität und Zusammenarbeit mit französischen Nationalisten war folglich eine Angelegenheit des gemeinsamen Kampfes, die trotz gewisser ideologischer Differenzen bei gemeinsamen Zeltlagern und Kongressen ausgelebt wurde und als wichtiges Symbol europäischer Völkerverständigung verstanden wurde[163].

Anders war die Rezeption der Situation in Irland. Im Kampf der IRA bzw. der Partei Sinn Féin gegen die englische Herrschaft fanden die westdeutschen Nationalrevolutionäre grundlegende Elemente ihrer Situation und politischen Gesinnung wieder: Die Erfahrung eines durch Fremdherrschaft geteilten Staates[164], die Rückbesinnung auf die keltischen Wurzeln Irlands im Sinne einer Schaffung einer nationalen Identität und die damit zwingend einhergehende Neuordnung der Wirtschaft und Gesellschaft in einem nationalen Sozialismus:

> „Die altgälischen Gesellschaften waren - so betonen die keltischen Sozialisten - bereits in agrarischer Zeit kollektiv organisiert auf der Grundlage des Clan-Eigentums an Grund und Boden. Erst der englische Imperialismus habe mit Feudalismus und Kapitalismus fremde, räuberische und individualistisch-egoistische Gesellschafts- und Produktionsformen ins Land gebracht. ‚Capitalism is foreignism' sagte schon James Connolly, Kapitalismus ist Fremdländerei. Keltentum ist Sozialismus"[165].

Insbesondere die Tatsache, dass Irland ein eindeutig europäischer Staat war, verstärkte das Solidaritätsgefühl mit den dortigen Nationalisten. Die Geschehnisse dort wurden als Chance zum ersten Schritt auf dem Weg zu einem nationalistischen Aufstand in ganz Europa gesehen,

---

162 Eichberg, Henning, Neue Nationalismen in Europa. Verhaltenswandel in den 60er Jahren?, in: Junges Forum (1973), H. 1, S. 3–22, S. 20f.

163 Eichberg, Henning, Auch dies ist Europa, in: Nation Europa 16 (1966), H. 1, S. 31–32, S. 32.

164 Eichberg, Henning, Irischer Befreiungskampf, in: Ideologie & Strategie (1973), H. 7, S. 1, S. 1.

165 Eichberg, Henning, Keltentum und Sozialismus, in: Neue Zeit (1977), H. 2, S. 8–17, S. 11.

und direkt mit der eigenen Situation verbunden: „In Irland (...) beginnt auch der deutsche Freiheitskampf"[166].

Zumindest verbal wurden aber weltweit alle Bewegungen unterstützt, die sich unter dem Banner des Nationalismus gegen die gleichmacherische Unterdrückung durch ein universalistisches System wandten, Nationalismus also als emanzipierende, separatistische Kraft und Grundlage des (auch bewaffneten) Kampfes für die Freiheit nach außen durch Massenmobilisierung im Inneren verstanden. Unter dem Einfluss der Niederschlagung der nationalistischen Bewegungen in der UdSSR prägte Wolfgang Strauss dann in seinem 1969 erschienenen Buch „Trotz allem - wir werden siegen!" für diesen Aspekt des Nationalismus den Begriff des Befreiungsnationalismus[167]. Rückgrat der Widerstandsbewegungen beispielsweise in Ungarn oder der Ukraine sei eine Jugend, die sich vom Marxismus-Leninismus abgewandt und das leidenschaftliche Bekenntnis zur Nation als einigendes Element wiederentdeckt habe. Die Nationalisierung und Politisierung der zuvor unpolitischen Massen durch den Nationalismus bedeute somit eine Emanzipation des Staatsbürgers, in der sich das Individuum innerhalb der Gemeinschaft selbst verorten könne[168] - die Freiheit des Individuums sei somit nur innerhalb einer freien, geeinten Nation möglich. Dieses gelegentlich an den Risorgimento-Nationalismus anknüpfende Konzept bedeutete im Fall der deutschen Nation die Wiedervereinigung als vornehmste Forderung.

Der Nationalismus stellte innerhalb der nationalrevolutionären Theorie also weniger Emotion dar als ordnendes Konzept: Innenpolitisch erzwang er eine sozialistische Revolution, nach außen hin bedeutete er Solidarität im Kampf der unterdrückten Völker gegen die weltbeherrschenden Systeme. Die weltpolitische Konzeption, die am Ende dieses Kampfes stehen sollte, bezeichneten die nationalrevolutionären Theoretiker als Ethnopluralismus.

Kulturrelativismus und „Ethnopluralismus"

Ähnlich der betont wertungsfreien Einteilung der Menschheit in Rassen im Sinne von *separate, but equal* basierte der Ethnopluralismus auf der Ablehnung des Konzeptes einer universalen Menschheit, eines

---

166 Meinrad, Michael, Freiheitskampf in Irland, in: Fragmente 29 (1972), S. 32–35, S. 35.

167 Strauss, Trotz allem - wir werden siegen!, S. 10.

168 Meinrad, Antwort, S. 20.

„Allgemeinmenschlichen"[169]. Aus der Identifizierung der Völker als handelnde Subjekte der Geschichte - bzw. der Geschichten - und der Anerkennung aller den Völkern immanenten Handlungslogiken als gleichwertig formte Eichberg 1973 das Konzept und den Begriff des Ethnopluralismus[170]. Von der französischen *Nouvelle Droite* maßgeblich weiterentwickelt, stellt er bis heute einen Ideologiebestandteil vieler europäischer rechtsextremer Parteien dar, auch der NPD[171].

Der bisher emotional-ablehnende Umgang der Alten Rechten mit dem Anderen sollte auf eine neue Basis gestellt werden:

> „Die Möglichkeiten, Mensch zu sein, sind vielfältig. Die Vielfalt in ihrer Differenzierung zwischen den Völkern ist schwerwiegender als bei oberflächlicher Betrachtung oft angenommen. Das ist die Grundeinsicht des Ethnopluralismus"[172].

Es ist anzumerken, dass die Begriffe „Kultur" und „Volk" innerhalb dieses Themenkomplexes oftmals eher austauschbar und ohne scharfe Abgrenzung voneinander verwendet wurden.

Ausgangspunkt des Ethnopluralismus war also die Einsicht der kulturellen Relativität nicht nur von Sitten und Gebräuchen, sondern auch von vorgeblich anthropologischen Konstanten wie Wahrnehmung, Religion und Sprache. Das rationale, wissenschaftliche Denken, von den Nationalrevolutionären so hoch eingeschätzt, zeige in Natur - und Geisteswissenschaften konsequent betrieben auch

> „die Relativität seiner selbst (und damit unserer selbst) (...): die Relativitätstheorien und den Modellpluralismus in der Physik nicht weniger als den Historismus mit der Entdeckung, daß auch die Struktur des Denkens ihre Geschichte hat, den ethnologischen Kulturrelativismus und den linguistischen Relativismus"[173].

Insbesondere der letzte Punkt, die Vielzahl der Sprachen und die sich in ihnen äußernden unterschiedlichen Wahrnehmungen der Wirklichkeit, hatte ersichtlich großen Einfluss auf Eichbergs Denken. Die Rezeption vor allem von Untersuchungen des amerikanischen Linguisten

---

169 Eichberg, Eigentümlichkeit, S. 8.

170 Eichberg, Henning, Ethnopluralismus. Eine Kritik des naiven Ethnozentrismus und der Entwicklungshilfe, in: Junges Forum (1973), H. 5.

171 Stöss, Richard, Rechtsextreme Parteien in Westeuropa, in: Niedermayer, Oskar (Hg.), Die Parteiensysteme Westeuropas, Wiesbaden 2006, S. 521–563, S. 525.

172 Eichberg, Eigentümlichkeit, S. 7.

173 Eichberg, Henning, Verteidigung der Kultur oder Befreiung der Kulturen?, in: Junges Forum (1975), H. 3, S. 3–16, S. 13f.

Benjamin Lee Whorf über die Zeitwahrnehmung der Hopi-Indianer[174] und die Raumwahrnehmung verschiedener Südseevölker sowie der Theorien Émile Durkheims und Michel Foucaults zur Entwicklung des Ordnungsdenkens[175] konnten nur in der Anerkennung und Bewusstmachung des eigenen (europäischen) Ethnozentrismus resultieren, nicht in seiner Überwindung – auch die wissenschaftliche Methode basiere schließlich auf kulturspezifischer Normensetzung[176].

Vielmehr sei die Vielfalt der Völker und Kulturen anzuerkennen, anstelle ein Weltbild auf vorgeblich natürliche Dichotomien der Entwicklung aufzubauen, die zudem meist implizite Wertungen beinhielten: Barbarei gegen Zivilisation, Natur gegen Kultur, Statik gegen Dynamik, Primitivität gegen Entwicklung[177]. Die größte Bedrohung für die Vielfalt der Völker liege folglich im Gedanken der „einen Welt" und der „einen Menschheit":

> „Die strukturelle Kluft zwischen den Kulturen ist nicht zu überspringen. Jeder Versuch ist vom Eigenen – und damit von der Aneignung her bestimmt. Jeder Versuch, der das vergißt, hat bereits einen Schritt zu Mißachtung und Unterwerfung des Fremden getan. Politisch ist dies der Schritt zum Imperialismus"[178].

Als imperialistisch in diesem Sinne galten somit alle Ideologien, die auf universalistischen Grundgedanken basierten: Christentum, Marxismus und kapitalistischer Liberalismus[179]. Während Christentum und Marxismus in ihrer konkreten Ausformung allerdings zugestanden wurde, auch Träger nationalistischer Befreiungsbewegungen sein zu können (als Beispiel wurde die Unterstützung der Revolten in der Slowakei durch Kleriker und neomarxistische nationalistische Jugendbewegungen im Baskenland angeführt), stelle der kapitalistische Liberalismus eine uneingeschränkte Bedrohung für die Erhaltung der Völker dar[180] – intellektuell durch den Wandel der Menschen zu identitätslosen

174 Eichberg, Henning, „Entwicklungshilfe" - Verhaltensumformung nach europäischem Modell? Universalismus, Dualismus und Pluralismus im interkulturellen Vergleich, in: Zeitschrift für Wirtschafts- und Sozialwissenschaften 93 (1973), S. 641–670, S. 654.

175 Ebd., S. 657.

176 Eichberg, Verteidigung oder Befreiung, S. 5.

177 Eichberg, Entwicklungshilfe, S. 642.

178 Eichberg, Henning, Entwicklungshilfe. Verhaltensumformung nach europäischem Modell?, in: Eichberg, Henning (Hg.): Nationale Identität. Entfremdung und nationale Frage in der Industriegesellschaft, München 1978, S. 39–86, S. 64.

179 Eichberg, Verteidigung oder Befreiung, S. 5.

180 Ebd., S. 12.

Konsumenten, strukturell durch die Expansion multinationaler Konzerne und den „modernen Menschenhandel“[181], die massenhafte Migration von Gastarbeitern. Auf ähnlicher Grundlage kritisierte Eichberg auch die Olympischen Spiele als einen auf das europäische Leistungsprinzip fixierten Wettkampf europäischer Sportarten[182] und Entwicklungshilfe als quasikoloniale „kulturelle Vergewaltigung“[183] von als unterentwickelt wahrgenommenen Kulturen.

Der Ethnopluralismus hatte also eine Weltordnung vor Augen, in der sich die Völker zwar statt mit „Rassenarroganz“[184] mit Achtung begegnen, ja voneinander lernen sollten[185], eine Vermischung zumindest der Großrassen im Interesse der Vielfalt jedoch zu unterbinden sei[186]. Er lief somit auf ein apartheidähnliches System hinaus. Nur die ungestörte Entwicklung aller Kulturen und Völker könne Spannungen unterbinden.

Separatistischen Bewegungen aller Art wurde somit ein Wert an sich beigemessen, auch innerhalb des angestrebten deutschen Staates: Sowohl die Unterstützung von „eigenkultureller und politischer Entfaltung“[187] von Regionen als auch die Garantie der vollständigen Autonomie nichtdeutscher Volksgruppen in ihren geschlossenen Siedlungsgebieten innerhalb Deutschlands finden sich im Programm der SdV/NRAO von 1977.

Kulturrelativismus und nationale bzw. völkische Identität waren also grundlegende Konzepte für das außenpolitische Konzept der Nationalrevolutionäre, Gemeinsamkeiten zwischen verschiedenen Völkern wurden aber natürlich dennoch nicht geleugnet. Insbesondere die abendländischen Kulturen Europas wiesen angeblich ein verbindendes Merkmal auf, in dem die Sonderstellung der westlichen, weißen Zivilisation begründet lag: das „Okzidentale Syndrom“.

---

181 Joß, Fritz, Gastarbeiter. Das neue Proletariat, in: Junges Forum (1973), H. 3, S. 3–19, S. 5.

182 Eichberg, Henning, Wie kaputt ist die olympische Idee? Ethnopluralismus gegen Sport-Universalismus, in: Neue Zeit (1976), H. 4, S. 16–21, S. 19.

183 Eichberg, Totale Nation, S. 29.

184 Eichberg, Manifest, S. 14.

185 Eichberg, Entwicklungshilfe, S. 669.

186 Waldmann, Gert, Konzept eines europäischen Nationalismus. Gert Waldmann ergänzt seine „Sechs Thesen“, in: Junge Kritik 1 (1970), S. 80–82, S. 81.

187 5. Zentralkongreß der Sache des Volkes, Das Nationalrevolutionäre Programm, in: Nationalrevolutionär 2 (1978), S. 5–16, S. 7.

Das „Okzidentale Syndrom"

Was also waren die Wertesysteme, an denen sich die Zivilisation Europas ausrichten solle, was das einzigartige Element der abendländischen Identität, das die Grenze zwischen dem Eigenen und dem Anderen ausmache? Auch wenn man Begriffen wie „Überlegenheit" oder „Fortschritt" nur kulturspezifische Wertungen zugestehen könne, war es für die Nationalrevolutionäre doch offensichtlich, dass die weiße Bevölkerung des Abendlandes[188] sich in zwei Bereichen vor allen anderen Zivilisationen auszeichne: Die faktische weltweite Dominanz und Ausbreitung der westlichen Zivilisation sowie der zwar unregelmäßige und sprunghafte, aber dennoch stetige beobachtbare Fortschritt auf zivilisatorischem und naturwissenschaftlich-technischem Gebiet.

Augenscheinlich seien trotz aller Unterschiede zwischen den europäischen Völkern diejenigen Eigenschaften, die Zivilisation und Fortschritt begünstigten, allen Völkern der weißen Rasse gemeinsam:

> „Es dauerte nicht eine Generation, bis, nach der Unterwerfung durch Rom, das eben noch barbarische Gallien das politische Zentrum an kulturell-zivilisatorischer Blüte fast übertraf. Ähnlich verhielt es sich mit dem nur kürzeste Zeit unter römischem Einfluß stehenden Germanien, das daraufhin noch generationenlang befähigte Staatsmänner und Militärs dem römischen Reich stellte (…) Im Vergleich damit ist eine entsprechende Anpassung in Asien (…) kaum zu vermerken. (…) [Auch] die Gebiete der Negriden [zeigen], trotz mehr als hundertjähriger z.T. intensiver Berührung mit der weißen Zivilisation, kaum einen schwachen Abglanz dieser spezifischen Progressivität"[189].

Die Gründe für diese Progressivität, Eigenschaften wie „Organisationstalent, Abenteuerdrang, Wirtschaftsgeist, kriegerische Aggressivität und Dynamik, Realismus und Rationalität"[190] wurden einerseits in genetischen Vorprägungen vermutet[191], hauptsächlich jedoch in einer

---

188 Schlüssige Definitionen, welche Nationen zum Abendland in diesem Sinne gezählt werden sollen, finden sich nicht. Obwohl die Argumentation teilweise erbbiologisch-rassistische Gründe vermutet, werden dem widersprechend die USA und UdSSR meist nicht als zum Abendland bzw. als vom okzidentalen Syndrom betroffen verstanden.

189 Eichberg, Totale Nation, S. 29.

190 Ebd., S. 27.

191 Eichberg, Logischer Empirismus, S. 126.

Lebenshaltung, die unter dem Begriff des Okzidentalen Syndroms[192] zusammengefasst wurde und eng mit dem Wertekanon verknüpft war, den der Kritische Rationalismus impliziere. Die Geschichte Europas sei nur vor diesem Hintergrund zu verstehen.

Die europäische Geistesgeschichte beginne als solche mit der säkularisierten, rationalen Philosophie der Antike. Deren Verdrängung durch das Christentum, das dem europäischen Geist durch sein Lob der Schwäche und seine Körper- und Lustfeindlichkeit im Kern fremd sei[193], habe die geistige Entwicklung Europas auf Jahrhunderte gehemmt. Die Wiederentdeckung der Antike in der Renaissance, die daraus folgende Methode der Erkenntnisgewinnung durch kausales Denken, Überprüfung der Theorie durch das Experiment, Quantifizierung und Abstraktion sowie die Popularisierung und Verbreitung wissenschaftlicher Standards habe die industrielle Revolution als irreversiblen Schritt menschlichen Fortschritts und damit den Ausbruch aus dem bisherigen Schema des Aufstiegs und Verfalls menschlicher Kulturen zur Folge gehabt[194].

Notwendigerweise hätte diese Entwicklung auch einen Wertewandel begründet: Die Wertschätzung der Leistung und Innovation an sich bewirkte den Abbau von Erbprivilegien, zunehmende Rationalität die Emanzipation von Religion und Feudalherrschaft. Dieser Wertewandel hätte sich als Prozess der Rationalisierung in der gesamten menschlichen Lebenswelt ausmachen lassen: In den Veränderungen der Körperwahrnehmung und der Entwicklung des Sports, in dem die mathematisch erfassbare Leistung nach Länge, Gewicht und Zeit die personell-ästhetische Motivation mittelalterlicher Bewegungsübungen ablöste[195], in der Literatur durch das Stilmittel der Spannung, in der Ökonomie durch den Begriff der Produktivität[196].

---

192 Begriff und konzeptuelle Grundlagen des okzidentalen Syndroms stammen vermutlich aus dem Umkreis der französischen Zeitschrift „Nouvelle École“, die von den deutschen Nationalrevolutionären stark rezipiert wurde (Bartsch, Okzidentales Syndrom, S. 215)

193 Eichberg, Henning, Nichtchristlicher Atheismus, in: Criticón (1972), H. 10, S. 82–83, S. 82.

194 Eichberg, Manifest, S. 8.

195 Eichberg, Weg des Sports, S. 97.

196 Eichberg, Henning, Der Umbruch des Bewegungsverhaltens. Leibesübungen, Spiele und Tänze in der Industriellen Revolution, in: Nitschke, August (Hg.): Verhaltenswandel in der industriellen Revolution. Beiträge zur Sozialgeschichte, Stuttgart 1975, S. 118–135, S. 133.

Die strukturelle Basis all dieser Konzepte bildete die Entwicklung einer skalaren Zeitvorstellung, die die Idee des Fortschritts einer Kultur und ihre positive Bewertung erst ermöglichte – im Gegensatz zum vorindustriellen Zeitalter, in dem Innovationen als Störungen der etablierten Ordnung oftmals als unerwünscht galten, auch wenn sie zu höherer Effizienz führten[197].

Die politischen Umbrüche, die im Niedergang des Feudalismus einen Höhepunkt fanden, waren also Ergebnisse einer grundlegenden Spannung, die sich seit der Antike zeigte und ein Geschichtsbild der europäischen Zivilisation als „Geschichte der progressiven Entfaltung abendländischer Rationalität und ihrer Konflikte mit der ungleichzeitigen Gesellschaftsordnung“[198] entwarf. Die „drei größten gesellschaftswissenschaftlichen und philosophischen Denker der letzten 100 Jahre“[199], Karl Marx, Max Weber und Friedrich Nietzsche, hätten dies in Ansätzen schon begriffen: Während Karl Marx aber aus seiner spezifischen Situation heraus den historischen Sonderfall des Klassenkampfes verallgemeinert hatte, ohne sich über den grundlegenden Sachverhalt der biologisch-kulturellen Basis der Produktivkräfte klar zu sein, hätte Max Weber bei seiner Entdeckung der abendländischen Rationalität die dem europäischen Geist eigentlich wesensfremde protestantische Komponente bei der Entwicklung des Leistungsprinzips überbetont[200]. Friedrich Nietzsche dagegen habe durch seinen Begriff des „guten Europäers“ emotional der Analyse der beiden Theoretiker schon vorgegriffen.

Durch die wissenschaftliche Revolution des 20. Jahrhunderts brach nach Auffassung der Nationalrevolutionäre der Konflikt zwischen der unaufhaltsamen Entfaltung der abendländischen Rationalität und einer überkommenen Gesellschaftsform nun wieder auf. Die für Spannungen dieser Art sensible Jugend revoltiere gegen den dekadenten Spätkapitalismus, der Rationalität lediglich zur Maximierung des Profits sah, ohne sein „prinzipienkritisches Element“[201] anzuerkennen. Die junge Generation, deren Denken durch Methodenreflexion und neuartigen Empirismus substantiell abstrakter sei als das der Generationen vor ihnen, for-

---

197 Eichberg, Henning, Ökonomische Faktoren der industriellen Revolution, in: Nitschke, August (Hg.): Verhaltenswandel in der industriellen Revolution. Beiträge zur Sozialgeschichte, Stuttgart 1975, S. 9–20, S. 18.

198 Eichberg, Manifest, S. 10.

199 Ebd., S. 10.

200 Bartsch, Okzidentales Syndrom, S. 215.

201 Eichberg, Manifest, S. 12.

dere eine erneute „Mutation des europäischen Geistes“[202] und daraus folgende politische Veränderungen.

Die Lösung sei aber nicht die Rückkehr zur Lebensphilosophie und einem ökologischen Ansatz mit Tendenz zur Esoterik, die die Solidaristische Volksbewegung unter dem Leitsatz „Der europäische Rationalismus ist am Ende seiner Möglichkeiten“[203] vertrat. Vielmehr sei die Transformation der Rationalität hin zu einer „neuen Aufklärung“[204] und die Kanalisierung des Strebens nach Leistung und Erfolg nötig, um Europa in der Zukunft seinen Platz in der Welt zu legitimieren.

In Großtaten von Wissenschaft und Technik, vor allem in der symbolischen Kraft der Eroberung des Weltraums, zeige sich der wahre Pioniergeist des „eigenartigen, bohrenden und ziellosen Strebens, das den Europäer nun seit Jahrhunderten immer weiter in unbekannte Bereiche hineinführt“[205]. Trotz aller Differenzen in der Völkervielfalt Europas sei diese Haltung konstitutiv für den okzidentalen Kulturkreis und bilde die Basis, auf der ein zukünftiges Europa aufbauen könne: Die progressive Transformation der anthropologischen Grundstruktur des Nationalismus hin zur Nation Europa.

Europäischer Nationalismus

Obwohl die Schwierigkeit gesehen wurde, ein noch abstraktes Gebilde wie Europa tatsächlich zum Objekt nationalistischer Emotionen werden zu lassen, ist aus der bisherigen Darstellung leicht abzuleiten, dass dennoch genau dies die Vision der Nationalrevolutionäre war: Die Schaffung eines vereinten Europa, das seine Kraft und kulturelle Blüte aus der Verschiedenheit und Vielfalt seiner selbstbewussten Völker schöpfe[206].

Die Schaffung einer europäischen Nation und eines europäischen Nationalismus wurde dabei als Kern oder Symbol des Wiedererwachens des okzidentalen, weißen Geistes verstanden, der zwischen USA und UdSSR verkümmert sei:

---

202 Bartsch, Okzidentales Syndrom, S. 216.

203 Penz, Revolution, S. 19.

204 Eichberg, Rationales und Irrationales, S. 16.

205 Eichberg, Henning, „Mondsucht“. Zur Zeitgeschichte der Technik und des okzidentalen Syndroms, in: Junges Forum (1973), H. 2, S. 3–31, S. 4.

206 Meinrad, Prinzip Nationalismus, S. 16.

> „Die weitere Aufwärtsentwicklung im Inneren des eigenen Bereichs muß heute eine Forderung des Weißen an sich selbst sein! Das ist die wahre ‚Bürde des weißen Mannes'"[207].

Die Bevölkerung Europas müsse sich also – all ihrer Differenzen bewusst – auf ihre gemeinsame kulturelle Identität besinnen und diese hin zu einer politischen Einheit verwirklichen. Trotz dieses Motivs des Wiederaufstiegs Europas verstand man den europäischen Nationalismus aber als modern und zukunftsgerichtet[208]; dezidiert wandte man sich gegen den Gedanken einer Wiedergeburt zu alter Größe oder die Anknüpfung an Traditionen früherer multiethnischer Imperien wie etwa dem karolingischem oder habsburgischem Reich[209]. Es dominierte die Vorstellung, dass politisch zusammenwachsen solle, was kulturell schon lange vereinigt sei: Sämtliche wissenschaftlichen, politischen, künstlerischen und philosophischen Innovationen und Neuentwicklungen der letzten Jahrhunderte seien stets gesamteuropäisch und nicht einem einzelnen Volk oder Staat zuzuordnen gewesen[210].

Die EWG und mit ihr alle Versuche der europäischen Einigung innerhalb der etablierten Systeme wurden aber als „Instrument der Fremdsteuerung"[211] abgelehnt und Aufforderungen zum Boykott der EG-Wahlen verbreitet[212]. Das in dem Primat der Wirtschaft zum Ausdruck kommende Menschenbild und der mangelnde Föderalismus als Ausdruck der Völker und Nationen[213] entspreche nicht dem wahren Geist von Europa, das viel mehr als nur die Summe seiner Völker und Staaten sei, nämlich der „Schicksalsraum des weißen Mannes"[214].

Anknüpfungspunkte für den Gedanken einer Vereinigung Europas unter nationalistisch-rassistischer und sozialistischer Fahne gegen ein feindliches System fanden die Nationalrevolutionäre hingegen etwa bei dem französischen Schriftsteller Pierre Drieu la Rochelle, der schon früh

---

207 Eichberg, Totale Nation, S. 27.

208 Waldmann, Gert, Sechs Thesen zum modernen Nationalismus, in: Fragmente 12 (1968), S. 18–20, S. 18.

209 Eichberg, Totale Nation, S. 42.

210 Eichberg, Henning, Nation Europa-Europa der Völker. Eine Kritik und Alternative zum bürgerlichen Europakonzept (II), in: Burschenschaftliche Blätter (1975), H. 1, S. 3–7, S. 3.

211 Meinrad, Solidarität, S. 14.

212 Katschmarek, Kurt, Europa-Wahl? Ohne uns!, in: laser 13 (1979), S. 25, S. 25.

213 Eichberg, Henning, Nation Europa - Europa der Völker. Eine Kritik und Alternative zum bürgerlichen Europakonzept (I), in: Burschenschaftliche Blätter (1974), H. 8, S. 206–209, S. 207.

214 Waldmann, Thesen, S. 19.

der Vorkämpfer eines europäischen sozialistischen Staatenbundes gewesen sein sollte[215], insbesondere aber in der Glorifizierung der multiethnischen Waffen-SS.

Im Gegensatz zum nationalsozialistischen Staat hätte „die größte Vielvölkerarmee (…), die jemals unter einer Flagge gekämpft"[216] habe, den Nationalismus als „Instrument der politischen Egalisierung, Solidarisierung und Aktivierung" genutzt, „der mit dem offiziellen aggressiven Expansionismus (...) nichts zu tun hatte (...) Der europäische Geist wurde zum Geist der Waffen-SS schlechthin"[217]. Vorsichtig fand man sich wieder in dem Bild einer jugendlichen Kriegergeneration, die Seite an Seite mit ihren europäischen Kameraden freiwillig gegen die Bedrohung aus dem Osten focht und alte europäische Bruderkriege vergessen wollte.

Diese Verklärung der Soldaten der Waffen-SS weg von der nationalsozialistischen Mörderbande hin zu den Verteidigern, sogar den eigentlichen Gründern des Abendlandes und das Motiv einer aufzubauenden Heimat Europa wider untereinander zersplitterter und sich bekriegender Einzelstaaten teilten die Nationalrevolutionäre allerdings mit dem Teil der Alten Rechten, der nach 1945 eine zumindest partielle ideologische Neuorientierung für notwendig erachtet hatte. Federführend war hier abermals Arthur Ehrhardt, der die Vereinigung Europas und eine „gerechte soziale Ordnung"[218] als Leitlinien für die nach einem Zitat Oswald Mosleys offensichtlich in diese Richtung programmatisch benannte *Nation Europa* aufstellte. Dass die von ihm protegierten späteren Nationalrevolutionäre viele seiner Gedanken aufgriffen, ist offensichtlich, ob Ehrhardt die sozialistischen Positionen seiner ehemaligen Zöglinge geteilt hätte, hingegen fraglich.

Sozialismus

Wie bereits dargestellt waren in den Visionen der Nationalrevolutionäre nämlich die Neuordnung Europas und der Welt nach einem nationalistischem Ordnungsprinzip und die sozialistische Revolution im Inneren zwei Seiten derselben Medaille: Sozialismus sei ausschließlich konkret-national als Sozialismus der jeweiligen Nation zu denken, nicht

---

215 Arndt, Ernst, Pierre Drieu la Rochelle. Ein Europäer zwischen den Fronten, in: Junges Forum (1976), H. 1, S. 3–13, S. 7.

216 Vernier, Ettore, Freiwillige für Europa. Waffen-SS und europäischer Nationalismus, in: Junges Forum (1975), H. 6, S. 3–11, S. 3.

217 Ebd., S. 9.

218 Vorwort, in: Nation Europa 1 (1951), H. 1, S. 3–7, S. 5.

abstrakt-international, Nationalismus hingegen führe zu einer grundsätzlichen Egalisierung und zu Gemeinschaftsdenken, den Voraussetzungen des Sozialismus. Über die Tatsache, dass die Verwendung des Begriffes „Sozialismus" kaum ein ausgearbeitetes Konzept bedeutete (wie es auch schon beim Nationalismus der Fall war), war man sich durchaus im Klaren:

> „Wenn wir (...) den Begriff ‚Sozialismus' benutzen, so ergibt sich das aus der Tatsache, daß ein besserer Begriff nicht zu finden ist. Ebenso wie wir auch den Begriff ‚Nationalismus' übernommen haben, um eine provozierende Aussage über unseren Standort zu machen, so müssen wir auch den ‚Sozialismus' als Begriff übernehmen und ihn inhaltlich neu (...) bestimmen und ausfüllen"[219],

begründete Michael Meinrad die Verwendung des Begriffes. Die Bildung eines weitgehenden Konsenses bei dieser Begriffsbestimmung war dabei kaum zu erkennen. Grundzüge einer Sozialismuskonzeption, auf die man sich einigermaßen einigen konnte, waren aber vorhanden.

Grob lassen sich fünf diskutierte Problemfelder bestimmen, in deren Zusammenwirken der nationalrevolutionäre Sozialismusbegriff Gestalt annahm: Die Abgrenzung des Sozialismus von Marxismus bzw. Kommunismus, die Frage nach Egalität und Hierarchiebildung, die Organisationsstrukturen der politischen Entscheidungsfindung, die Neuordnung der Wirtschaft und die ökologische Frage. Weniger zu diskutieren als vielmehr unbestimmt als Teil des Phänomens Sozialismus galt zusätzlich noch eine kulturelle Komponente, die eine Art sozialistisches Lebensgefühl im Alltag bestimmte: Die Pflege von Brauchtum und regionaler Identität, Alltagssolidarität, alternative Lebens- und Wohnformen, ästhetische Gestaltung von Arbeitsplätzen, Gleichberechtigung zwischen den Geschlechtern und offenere Sexualität.

Zunächst aber galt es, jeden Verdacht der Verwandtschaft des nationalen Sozialismus mit dem Kommunismus auszuräumen. Bevor gegen Mitte der 70er Jahre die nationalrevolutionäre Marxismuskritik im Ton sachlicher wurde, war die Abgrenzung vom Kommunismus marxistischer Prägung polemisch: der Kommunismus sei keineswegs eine Ideologie des 19. Jahrhunderts, sondern habe seine Wurzeln in der Gleichheitsideologie finsterer vorderasiatischer, später christlicher Sekten. Diese trachteten mit einem gefährlich falschen, idealistischen Menschenbild bereits seit Jahrtausenden die Menschheit zu knechten. Zunächst nur in Klöstern und Sektenkolonien, später auch mit Ambitionen zur Ausweitung auf die gesamte Gesellschaft praktizierte man

219 Meinrad, Solidarität, S. 17.

„Zwangsegalisierung, Uniformierung des Menschen, Enteignung, Zerstörung der Familie“[220] – ob aus religiösen Gründen oder aus marxistischen Geschichtsgesetzen, die Struktur der kommunistischen Unterdrückung sei in der Praxis immer gleich und äußere sich in Zwang, Etatismus und Bürokratie[221].

Dies widerspreche dem Geist des wahren Sozialismus, der frühestens gegen Ende des 18. Jahrhunderts entstanden sei, total: Kommunismus sei Zwang von oben, Sozialismus hingegen Selbstorganisation vom Volke her, von unten. Karl Marx habe diesen fundamentalen Gegensatz durch die Implementierung des Sozialismusbegriffs und des lassalleanischen Konzeptes der genossenschaftlichen Produktivassoziationen lediglich verschleiern wollen, da er eingesehen hätte, dass der marxistische Kommunismus ohne die Unterstützung der Sozialisten und ihrer Arbeiterbewegungen chancenlos wäre[222].

Erst durch die nationalrevolutionäre Kritik sei diese Vermischung beendet worden: „Revolutionär und befreiend ist nur der Sozialismus. Nur nationalrevolutionäre Sozialisten haben das Recht, einander ‚Genossen‘ zu nennen“[223]. Durch diese tiefgreifende Analyse würden auch die strukturellen Ähnlichkeiten zwischen Kommunismus und Kapitalismus deutlich, die in einem falschen Menschenbild und dem gleichen Zwangssystem beider Prinzipien begründet lagen. Die vorgebliche Polarität zwischen den beiden imperialistischen Systemen sei insofern nur eine vorgetäuschte: Der nationalrevolutionäre Sozialismus sei also, anders als frühere, ähnliche Konzepte, „nicht ‚der dritte Weg‘, sondern der andere“[224].

Von diesen beiden Systemen der Machtausübung als Zwang unterscheide sich der Sozialismus insofern, als dass seine Wurzel aus dem Volke komme, als Neuordnung der Gesellschaft nach dem Prinzip der Solidarität. Anstatt sich daran abzuarbeiten, zwanghaft das ohnehin unrealistische Postulat der Gleichheit aller Menschen zu verwirklichen, solle sich eine Nation lieber ein machbares Ziel setzen: Gerechtigkeit[225].

Diese sei verwirklicht, wenn jeder den ihm zukommenden Platz in der Gesellschaft erhalte und dort von allen respektvoll akzeptiert werden. Hierarchien seien zwar notwendig, sollten jedoch ausschließlich

---

220 Sozialismus konkret, in: Neue Zeit (1976), H. 1, S. 6–8, S. 6.

221 Eichberg, Keltentum, S. 12.

222 Sozialismus konkret, S. 8.

223 Ebd., S. 8.

224 Vorbemerkung, in: Nationalrevolutionär 2 (1978), S. 4, S. 4.

225 Joß, Fritz, Neuordnung der Wirtschaft, in: Junge Kritik 3 (1973), S. 48–87, S. 68.

auf der Leistung basieren, die das Individuum in seiner Position für die Gemeinschaft erbracht habe, im politischen, kulturellen oder wirtschaftlichen Bereich[226]. Wichtig hierfür sei insbesondere die Schaffung einer Gleichheit der Möglichkeiten und durchlässiger hierarchischer Strukturen.

Dies sollte allerdings nicht auf eine Leistungsgesellschaft hinauslaufen, in der nur der Stärkste überlebe. Dieser wurde das sozialistische Konzept einer Leistungsgemeinschaft entgegengestellt, in der die Motivation für Leistung durch das „Vermitteln von Einsichten in die Notwendigkeiten und Zusammenhänge"[227] liege. Technischer Fortschritt ermögliche diese umfassende Bildung und Beurteilung, ohne dabei auf ganzheitlich-irrationale Vorstellungen zurückgreifen zu müssen: „Die Nation als Organismus - das ist zum Glück überstanden"[228]. Aus diesem Hierarchieverständnis speiste sich auch die elitäre Selbstwahrnehmung insbesondere der früheren Nationalrevolutionäre, die sich auch in der Sozialismuskonzeption widerspiegelte: Eine Leistungshierarchie bedeute auch, dass „nicht das Volk selbst regieren, sondern nur aus dem Volk heraus regiert werden kann"[229].

Konzepte, wie konkret Institutionen zur Regierung und Entscheidungsfindung aussehen sollten, blieben größtenteils im Ungefähren. Weder Parlamentarismus noch ein wie auch immer geartetes Rätesystem genügten dem nationalrevolutionären Anspruch der demokratischen Gerechtigkeit[230]. Wiederkehrende Elemente waren jedoch eine Neuordnung der föderativ gegliederten Republik Deutschland mit basisdemokratischer Selbstverwaltung und ein direkt gewählter Volksrat als oberstes Parlament. Den Parteien wurde kein herausragender Status zugestanden; sie sollten Werkzeug der politischen Meinungsbildung sein, das Monopol für die Aufstellung von Kandidaten und staatliche Finanzierung gestrichen werden[231].

Hand in Hand mit der politischen Umgestaltung einhergehend wurde allerdings die wirtschaftliche Neuordnung verstanden, da der zeitgenössische Kapitalismus undemokratische Zustände begünstige:

226 Meinrad, Antwort, S. 14.

227 Joß, Neuordnung, S. 70.

228 Grabowski, Wille zur Freiheit, S. 114.

229 Meinrad, Michael, Die politische Tat, in: Ideologie & Strategie 1 (1972), S. 1-2, S. 1.

230 Meinrad, Michael, Parlamentarismus und Elitebildung, in: Nation Europa 21 (1971), H. 2, S. 21-28, S. 26.

231 Nationalrevolutionäres Programm, S. 14.

> „Die Macht, Ziele des wirtschaftlichen Handelns zu bestimmen und an wirtschaftlichen Entscheidungen mitzuwirken, geht keineswegs vom Volke aus. Sie geht vom Eigentum aus. Die Macht steht denen zu Gebote, die in der ‚freien-sozialen Marktwirtschaft' Kapital und Produktionsmittel besitzen"[232].

Die faktische Macht der Produzenten führe zu einer Verökonomisierung immer weiterer Lebensbereiche und durch kurzfristige, auf Wahlerfolge schielende Gefälligkeitspolitik zu einer Entpolitisierung und Entdemokratisierung der Bevölkerung[233].

Dies war Grund genug, Hand an die Eigentumsordnung zu legen und in allen Bereichen die Vorrangstellung der Politik gegenüber der Wirtschaft zu betonen. Deren zu kurz gedachte Wachstumsideologie müsse längerfristig in den Abgrund führen: „Herrschaft der Politik über das Kapital ist zu fordern (...) gegen die Anarchie und Selbstzerstörung des freien Marktes und seines Wachstumswahns"[234]. Unter anderem der Bericht des *Club of Rome* über die „Grenzen des Wachstums" von 1972 habe eine Neudefinition der Ziele der Wirtschaftsordnung notwendig gemacht: Stabilität gegenüber Krisen, die Sicherstellung der biologischen und kulturellen Existenz der Völker, das Wohlergehen des Volkes vor dem des Einzelnen und der Aufbau der Wirtschaft nach dem Leistungsprinzip[235].

Letzteres berührte direkt die Frage nach der Stellung des Privateigentums. Ursprünglich habe dieses durch die Möglichkeit der schöpferischen Gestaltung und das Prinzip des Wettbewerbs eine fortschrittsfördernde Wirkung gehabt, diese aber durch die Entartungen des Kapitalismus verloren. Eine Neuordnung der Verteilung des Eigentums an Produktionsmitteln sei also vonnöten[236], ohne aber auf den Aspekt des Leistungsanreizes durch Privateigentum verzichten zu wollen.

In unterschiedlichen Formen schwebte den Nationalrevolutionären daher eine Neustrukturierung der Unternehmen auf genossenschaftlicher Basis vor. Privatinitiative und – in Maßen – das Wettbewerbsprinzip sollten beibehalten werden, die Mitarbeiter in den Betrieben

---

232 Katschmarek, Kurt, Macht und Herrschaft im Kapitalismus, in: laser 4/5 (1978), S. 7–10, S. 7.

233 Joß, Neuordnung, S. 55.

234 Eichberg, Henning, Warum sind wir Sozialisten?, in: La Plata Ruf 66 (1973), S. 20–21, S. 21.

235 Joß, Neuordnung, S. 65.

236 Joß, Fritz, Das Eigentum an Produktionsmitteln. Anregungen für die gesellschafts- und wirtschaftspolitische Arbeit, in: Junges Forum (1970), H. 1, S. 3–19, S. 11.

aber sowohl Mitspracherecht als auch Mitbeteiligung an den geschaffenen Werten erhalten, bei Großbetrieben etwa durch eine Umgestaltung des Aktienrechts[237]. Der Leistung des Individuums sollte durch detaillierte Bewertung und leistungsorientierter Lohn hohe Bedeutung eingeräumt werden, der absoluten Freiheit des Einzelnen jedoch durch Mindest- und Höchstlöhne Schranken gesetzt werden: „Angestrebt wird die individuelle Selbstverwirklichung in gesellschaftlicher Arbeit und genossenschaftlicher Verantwortung"[238].

Als Beispiel für eine gelungene Synthese von sozialistischer Alltagssolidarität und effizienzsteigernder Beibehaltung des Leistungsprinzips wurde dabei öfter das ökonomische System Chinas herangezogen: Das System der von einer unabhängigen Kommission durchgeführten Lohngruppeneinstufungen nach Leistung in Verbindung mit einem gesetzlich garantierten Mindestlebensstandard könne man mit Anpassungen übernehmen[239].

Für die Interessen der Nation bedeutsame Betriebe, Banken und Versicherungen seien im Sinne des Primats der Politik zu verstaatlichen. Einhergehend mit der Ausweitung des öffentlichen Sektors, Großinvestitionen in die Infrastruktur von Gemeinschaftseinrichtungen und der größeren Rolle des Staates müsse eine „geistige Neuordnung"[240] der Bevölkerung auch bewusst machen, dass diese Investitionen Volkseigentum im Sinne der Gemeinschaft seien. Das Prinzip der Solidarität und Genossenschaft müsse also auch im Alltag Prinzip werden, beispielsweise seien

> „neue Formen des Zusammenlebens zu entwickeln, z. B. in einer Art genossenschaftlicher Organisation mehrerer Familien. Ohne Zweifel können wir hier von ‚Kommunen'-Versuchen der Linken lernen und müssen uns abgewöhnen, in derartigen Experimenten nur Beischlafgemeinschaften zu sehen"[241].

In solchen Konzepten, die Solidarität und Gemeinschaft in überschaubaren Kleingruppen als Basis der Gesellschaft deuteten, wurde der regionalistische Aspekt des nationalrevolutionären Nationalismusverständnisses deutlich.

---

237 Joß, Neuordnung, S. 82f.

238 Nationalrevolutionäres Programm, S. 9.

239 Meinrad, Antwort, S. 14f.

240 Joß, Eigentum an Produktionsmitteln, S. 17.

241 Joß, Fritz, Warum eine neue Gesellschaftspolitik?, in: Junges Forum (1976), H. 4, S. 3–10, S. 8.

Eingeflochten in derartige Konzepte, in denen Wirtschaft und Alltagsleben untrennbar miteinander verbunden waren, war auch die Ökologieproblematik, wenn auch zunächst eher in zweiter Reihe. Zwar wurde die industrielle Zerstörung der Natur bereits in früheren Publikationen den beiden feindlichen Systemen zur Last gelegt[242], zum Grundpfeiler der nationalrevolutionären Ideologie wurde die Rettung des Ökosystems aber erst gegen Mitte der 70er Jahre.

Inwieweit dies ein Zugeständnis an den Zeitgeist darstellte, bleibt uneindeutig. Das nationalrevolutionäre Programm von 1977 führte in seinem relativ umfassenden Ökologieverständnis unter dem Punkt „Ökologisch leben“ eine Vielzahl an Forderungen auf, die schon rhetorisch eindeutig den Einfluss der gleichzeitigen Umweltbewegung erkennen ließ (Ablehnung der Atomkraft, Ausbau erneuerbarer Energien und des öffentlichen Nahverkehrs, Durchgrünung der Städte, Umstellung auf biologische Landwirtschaft) und sich mit den Forderungen nach vollständiger Integration Behinderter und Gleichberechtigung der Geschlechter in eine Reihe mit zeitgenössischen Emanzipationsbewegungen stellte und den Ökologiebegriff damit sehr weit fasste. Gleichzeitig wurden mit der Propagierung von eugenischen Maßnahmen zur Eindämmung von Erbkrankheiten sowie der allgemeinen Hebung der „Volksgesundheit“ jedoch auch Punkte genannt, die begrifflich die Nähe zu den Wurzeln in der Rechten nicht scheuten[243].

Für den Sozialismusbegriff der Nationalrevolutionäre wie auch die anderen Bestandteile ihrer politischen Ideologie galt also, dass sich trotz Meinungsverschiedenheiten in Details bis in die Mitte der 70er Jahre zumindest eine gemeinsame begriffliche und ideologische Grundlage und ein gemeinsames Ziel herausgebildet hatte. Ob die Selbstbezeichnung als „linke Leute von rechts“ jedoch lediglich in der Utopie der europäischen Neuordnung unter ethnischen und sozialistischen Gesichtspunkten begründet lag oder tieferliegende Wurzeln hatte, soll im Folgenden untersucht werden.

---

242 Waldmann, Gert, Umweltschutz und profitorientierte Gesellschaft, in: Fragmente 23 (1970), S. 3–7, S. 7.

243 Nationalrevolutionäres Programm, S. 11f.

4. Selbstverortungen der Nationalrevolutionäre

Traditionskonstruktion

Im Anspruch, politische Theorie und Praxis unauflöslich miteinander zu verbinden, mussten sich die Nationalrevolutionäre schon alleine zur Bildung einer Gruppenidentität nach außen und innen im Feld der politischen Strömungen selbst verorten. Das folgende Kapitel widmet sich daher der Frage, wie sich die Nationalrevolutionäre in ihrem Selbstverständnis als politische Bewegung über sich selbst in Relation zu anderen politischen Strömungen der Vergangenheit und Gegenwart äußerten. Konkret geschah das erstens durch die Konstruktion von Traditionslinien, also den Bezug auf vergangene zu Nationalrevolutionären erklärten Theoretikern oder Aktivisten, zweitens durch die Benennung von Philosophen oder Politikern, die durch ihre Theorien Denkanstöße oder Vorarbeiten für die Entwicklung der nationalrevolutionären Weltanschauung geleistet hätten und drittens durch den Aufbau von Feindbildern und potentiellen Verbündeten innerhalb des Spektrums der zeitgenössischen politischen Strömungen, also der Einschätzung der politischen Distanz zu verwandten Bewegungen.

Angesichts der Omnipräsenz des Motivs der Jugend, der Frische und Neuheit und Ablehnung alles Althergebrachten in der Selbstdarstellung der Nationalrevolutionäre ist es kaum überraschend, dass eines der gewichtigsten Schlagworte im Wertekatalog der Alten Rechten, Tradition und ihr Wert an sich, im nationalrevolutionären Weltbild prinzipiell keine große Rolle spielte. Eher war man stolz darauf, seine neue Ideologie ohne Rückgriff auf vergangene Schriften aufgebaut zu haben. Den Konservativen warf man folglich Rückwärtsgewandtheit vor, den Marxisten hingegen, politisch in einem Orthodoxiestreit um die korrekte Auslegung von Klassikern aus dem 19. Jahrhundert steckengeblieben zu sein.

Dennoch kamen auch die Nationalrevolutionäre nicht ganz ohne Bezugnahmen aus der Vergangenheit aus, obwohl dieser Rückgriff auf Traditionslinien wohl auch zu nicht geringem Maße taktisch motiviert war:

> „Auf Grund (!) der Vorliebe für irgendwelche Traditionen empfiehlt es sich, uns nicht als etwas völlig Neues, das noch nie dagewesen ist, hinzustellen. Viele potentielle Anhänger wollen histori-

> sche Beispiele sehen, auch wenn diese nur dünn gesät und nicht immer allein vorbildlich sind"[244],

empfahl Axel Malde in einer Studie über die Geschichte der nationalrevolutionären Bewegung von 1971, in der er sich an einer behutsamen Traditionsbildung versuchte. Bedeutsam für das hierbei offenbarte Selbstverständnis der Nationalrevolutionäre ist, welche politischen Strömungen der Vergangenheit er dabei als zumindest im Ansatz nationalrevolutionär wertete.

Die nationalistische Schwärmerei der Romantik, die als Reaktion auf die französische Fremdherrschaft und die territoriale Zerstückelung zu Beginn des 19. Jahrhunderts den Beginn des Nationalismus markiere, sei zwar ideologisch rückwärtsgewandt gewesen, habe sich in der Praxis aber als revolutionär erwiesen. Ähnliches gelte für den deutschen Nationalismus in der Phase von 1813 bis zum Scheitern der Revolution 1848. Diese Bewegung sei insofern ebenfalls als nationalrevolutionär zu werten, als dass sie den Kriterienkatalog dafür vollständig erfülle: Dieser bestand aus dem Kampf gegen Fremdherrschaft und territoriale Zersplitterung oder Teilung und für ein progressives Gesellschaftsmodell[245]. Träger dieser Bewegung seien das Bürgertum und die Jugend, insbesondere die Burschenschaften gewesen; mit ihnen als Trägern wandelte sich der Nationalismus laut Malde in der Zeit nach 1848 von einer revolutionären zu einer systemerhaltenden Ideologie.

Jugendliche Begeisterung kombiniert mit patriotischen Anwandlungen schienen für Malde schon eine Grundlage darzustellen, Bewegungen in der Folgezeit als im Prinzip nationalrevolutionär zu verstehen. Von der Jugendbewegung der Kaiserzeit über die nationale Begeisterungsstimmung 1914 und die Nationalbolschewisten, „diese merkwürdige Variante des Nationalismus (oder des Kommunismus)"[246] schlug er einen weiten Bogen zu Teilen der Freikorpsbewegung, bis schließlich am Ende der Weimarer Republik nationalrevolutionäre Bewegungen getrennt von den Faschisten auf der rechten Seite verortet wurden. Das gleichzeitige Vorhandensein von „rechten Leuten von Links" und „linken Leuten von Rechts" und die Angleichung von rechten und linken Gedankengängen erklärte Malde mit dem aus der gleichen Verelendung gespeisten gemeinsamen Gegner: den Herrschenden

---

244 Malde, Axel, Zur Geschichte der nationalrevolutionären Bewegung in Deutschland, in: Junges Forum (1971), H. 4, S. 3–22, S. 21.

245 Ebd., S. 4.

246 Ebd., S. 8.

und ihrem System[247]. Relativ kurz streifte er noch die Geschichte des sozialistischen Strasser-Flügels der NSDAP, ohne jedoch weiter auf dessen ideologisches Programm einzugehen.

Maldes Schlussfolgerungen im Fazit der Darstellung sind sich insofern ihres Charakters als programmatisch zu wertende Beschreibung der zeitgenössischen Situation bewusst, als dass sie auf eine gemeinsame theoretische Basis der verschiedenen Strömungen nicht eingehen. Im Gegenteil wird die ideologische Mannigfaltigkeit der Bewegungen betont. Als Ergebnisse der Studie werden das prinzipielle Vorhandensein einer wie auch immer gearteten nationalrevolutionären Tradition, die Möglichkeit eines deutschen nationalistischen Sozialismus und seiner Massenwirksamkeit und sein dogmenfeindlicher, verschiedene Strömungen miteinander vereinender Charakter vorgestellt. Diese ideologische Offenheit sei im Prinzip zu begrüßen, gleichzeitig jedoch eine Gefahr: aufgrund des ambivalenten Charakters der nationalrevolutionären Ideologie könnten weniger theoretisch gefestigte Anhänger zwischen rechtem und linkem Lager hin- und herwechseln. Die Abgrenzung zu beiden Polen erweise sich in der Praxis also als schwierig[248].

Henning Eichberg wählte einen anderen Ansatz, nationalrevolutionäre Traditionslinien zu konstruieren. Anders als Axel Malde suchte er seine Vorgänger nicht vornehmlich unter begeisterten Nationalisten. Entsprechend dem Titel bezog sich Eichbergs Aufsatz „Sozialismus von ‚Rechts' – Ein historischer Abriß"[249] dezidiert nicht auf Nationalismus und revolutionäre Grundhaltung als Basiselemente, sondern auf Sozialismuskonzeptionen, die von der historisch als politisch rechts geltenden Seite vertreten wurden. Anders als in Frankreich, wo revolutionärer Nationalismus und sozialistische Gesellschaftsmodelle in Ansätzen schon seit der französischen Revolution verschmolzen waren, traten nach Eichberg in Deutschland diese beiden Elemente erst nach dem Ersten Weltkrieg zusammen auf.

Im 19. Jahrhundert wären Versuche, einen Sozialismus von rechts her zu denken, hingegen meist antirevolutionär gesinnt gewesen. Hierzu zählte Eichberg die Staats- und Kathedersozialisten des *Vereins für Socialpolitik*, die christlich motivierten Sozialpolitiker des Kaiserreichs, Max Weber und Friedrich Naumanns *Nationalsozialer Verein* – die Kon-

---

247 Ebd., S. 12f.

248 Ebd., S. 20f.

249 Eichberg, Henning, Sozialismus von „Rechts". Ein historischer Abriß, in: Junges Forum (1970), H. 2, S. 3–27.

servative Revolution als „verbale Paradoxie ohne politische Realität"[250] ebenso wie Oswald Spenglers „mystisch zerdehnter Sozialismusbegriff"[251] hingegen nicht. Den Ersten Weltkrieg jedoch bewertete Eichberg ähnlich Malde als Wendepunkt; die Verelendung breiter Schichten und die nationale Frustration schufen erstmalig die Grundlage „für eine Synthese von Nationalismus und Sozialismus als vollendetsten Ausdruck der Systemopposition"[252].

Den Nationalrevolutionären der Zwischenkriegszeit warf Eichberg allerdings die gleichen Defizite wie den Konservativen der Gegenwart vor: Mangel an greifbaren ideologischen Inhalten, romantische Träumerei, antiintellektuelle Haltung statt Theoriebildung und radikaler Gesellschaftsanalyse. Nur durch konkrete Konzepte und rationale Analyse und Kritik hätten die Nationalrevolutionäre der Weimarer Republik eine politische Chance gegen den aufkommenden Nationalsozialismus gehabt. Dieser habe seine Schwäche der ideologisch-programmatischen Unverbindlichkeit durch charismatische Führung und emotionale Appelle auszugleichen vermocht.

Auch der sozialistische Strasser-Flügel krankte an programmatischer Zaghaftigkeit, gleichwohl er in der Praxis unter anderem durch die Zusammenarbeit mit Gewerkschaften und Kommunisten recht radikal agiert hätte. Die bis zu diesem Zeitpunkt vollendetste Form eines nationalistischen, revolutionären Sozialismus hätte aber laut Eichberg Joseph Goebbels propagiert, bevor dieser 1926 Hitler gegenüber aus persönlichen Gründen einknickte. Goebbels' Sozialismus, der im Gegensatz zu den anderen Nationalsozialisten die nationale Komponente hinter die soziale stellte, wäre bei einer Umsetzung in die Praxis die geforderte vollendete Systemopposition geworden, jedoch ebenfalls ohne eine konkrete Utopie zu vertreten.

Gestützt auf das Buch „Hitler's social revolution" des amerikanischen Historikers David Schoenbaum vertrat Eichberg im weiteren dessen These, dass auch die Sozialpolitik des Dritten Reich zu großen Teilen sozialistische Elemente beinhaltet hatte – im Bereich der Wirtschaft beispielsweise durch die „Kraft durch Freude"-Reisen der Deutschen Arbeitsfront oder die Volkswagenwerke, auf dem Gebiet der Bewusstseinsbildung durch die Einebnung sozialer Klassen, die erhöhte sozialen Mobilität, die Schaffung eines Gemeinschaftsbewusstseins und die Aufwertung des Status des Arbeiters. Dass dies mehr oder weniger

---

250 Ebd., S. 13.

251 Ebd., S. 13.

252 Ebd., S. 14.

unbeabsichtigt und gegen den Willen der die NSDAP dominierenden völkisch-konservativen Kräfte geschah, sei nur aus der der Bewegung innewohnenden Dynamik heraus zu erklären. Nach 1945 seien Nationalismus und Sozialismus wieder auseinandergedriftet und hätten in Deutschland bis zu der zeitgenössischen nationalrevolutionären Bewegung zu keiner relevanten Vereinigung mehr gefunden.

In seinem Fazit betonte Eichberg das Fehlen einer tradierten Doktrin des progressiven Nationalismus. In diesem Punkt stimmte er also mit Axel Malde überein, wenn auch unter unterschiedlichen Vorzeichen: Während Malde das Vorhandensein von grundsätzlich nationalrevolutionären Strömungen schon seit dem Beginn des 19. Jahrhunderts unterstrich, wenn auch teilweise aus taktischen Gründen, wies Eichberg auf deren fehlende ideologische Gemeinsamkeiten hin – Nationalismus, Sozialismus und Revolution in Theorie und Praxis wurden, so das vermittelte Bild, erstmalig durch die nationalrevolutionäre Bewegung der 60er Jahre vereint, die ideologische Basis sei also völlig neuartig. Nationalrevolutionäre im weiteren Sinne habe es aber schon weitaus früher gegeben, so die implizite Schlussfolgerung.

Ideologische Vorbilder

Ähnlich rar gesät wie Rückgriffe auf eine gemeinsame Tradition war auch die Auseinandersetzung mit politischen Vordenkern, denen man eine gewisse Einflussnahme auf das nationalrevolutionäre Ideologiegebäude zugestehen oder deren Theorie man als inspirierend bezeichnen mochte. In den Anfangsjahren der Bewegung finden sich fast keine solcher Reverenzen an Personen in Vergangenheit oder Gegenwart. Als bewusstes Vorbild dienten höchstens die französischen Altersgenossen der *Nouvelle Droite* um Alain de Benoist. Auch diese ungleich größere und besser organisierte Bewegung, bei der eine direkte ideologische und habituelle Vorbildfunktion aufgrund seiner Kontakte zumindest für Henning Eichberg einleuchtend erscheint, wurde aber meist eher als Inspiration oder Anregung bezeichnet[253], nicht als Vorbild, dem es nachzueifern galt.

Bei den gelegentlich publizierten Artikeln über die französischen Nationalisten wurden – parallel zu dem offensichtlichen Eindruck, den diese auf die Verfasser machten – ausführlich die Vorläufer und lange Tradition der sozialistischen Nationalisten in Frankreich beschrieben,

---

253 In den Basisgruppen wurde beispielsweise gerne die als Theorieorgan der *Nouvelle Droite* gegründete Zeitschrift *Nouvelle École* gelesen, vgl. Eichberg, Henning, Basisgruppe Neuer Nationalismus an der Ruhruniversität Bochum, in: Junges Forum (1971), H. 3, S. 5–8, S. 6.

auf die sich jene stützten (Charles Maurras, Pierre-Joseph Proudhon, Pierre Drieu La Rochelle, Maurice Barrès), und trotz aller Aufrufe zur Solidarität und Kameradschaftsbeschwörungen schon sehr früh ideologische Differenzen zu den eigenen Positionen betont, beispielsweise die Haltung zum Kolonialismus[254]. Den Status einer politisch entfernt verwandten Bewegung im Ausland gestand man des Weiteren der spanischen *Falange Española* José Antonio Primo de Riveras zu, bevor diese von der Reaktion in Gestalt Francos verraten worden wäre[255].

Ab etwa Mitte der 70er Jahre gab man den etwas verbissen wirkenden Anspruch der völligen Neuschöpfung der nationalrevolutionären Theorie zugunsten einer vorsichtigen Ehrung von vermeintlichen ideologischen Vorläufern auf. 1976 wurde dem Publikum Pierre Drieu la Rochelles „Ringen um einen undogmatischen, antimarxistischen Sozialismus"[256] und die europäische Einigung als politische Pioniertat vorgestellt, 1979 erschien in *Ideologie & Strategie* ein hymnischer Artikel über Ferdinand Lassalle, der sich jedoch mehr in einer Beschreibung des „eleganten, schlanken Mannes mit den dunklen Augen und dem edlen Profil"[257] als in einer tiefergehenden Ausführung seiner politischen Positionen erschöpfte.

Am umfassendsten war jedoch die Rezeption der Werke Ernst Niekischs, bei dem man viele Anknüpfungspunkte für eine Identifikation fand: Niekischs Widerstand gegen Hitler, vor allem sein 1932 erschienenes Werk „Hitler - ein deutsches Verhängnis", seine Selbstbezeichnung als Nationalrevolutionär und seine proklamierte Feindschaft gegenüber unpolitischen Spießern, Amerikanismus, Bolschewismus, der Sozialdemokratie, der BRD und der späteren DDR wurden in einer ganz der Person Niekischs gewidmeten Doppelausgabe von *Ideologie & Strategie* eingehend gewürdigt. Mehr noch als bei Ferdinand Lassalle wurde durch mangelndes Eingehen auf konkrete politische Standpunkte Niekischs eine ideologische Kontinuität zur eigenen Position impliziert. Spätestens ab 1976 wurde diese offen propagiert: In diesem Jahr brachten SdV/NRAO-Mitglieder eine Gedenktafel mit dem Niekisch-Zitat „Entweder wir sind ein revolutionäres Volk, oder wir wer-

---

254 Eichberg, Nationalismus ist Fortschritt. Eine Studie über die jungen fortschrittlichen Nationalisten in Frankreich, S. 10.

255 Waldmann, Gert, Spaniens nationalistische Jugend. Jenseits von Kommunismus und Kapitalismus, in: Fragmente 16 (1969), S. 31–34, S. 32.

256 Arndt, Pierre Drieu la Rochelle, S. 7.

257 E. Z., Ferdinand Lassalle, in: Ideologie & Strategie 32 (1979), S. 1–2, S. 2.

den endgültig aufhören, ein freies Volk zu sein" an seinem letztem Berliner Wohnhaus an[258].

An konkreten politischen Anknüpfungspunkten hingegen wurde in dem Vortrag lediglich der an ein Rätesystem angelehnte Abschnitt „Demokratie verwirklichen" des Nationalrevolutionären Programms direkt auf Schriften Niekischs zurückgeführt[259], wobei man in den zahlreichen Illustrationen aus der Feder von Niekischs Graphiker A. Paul Weber, mit denen ebenjenes Programm reichlich geschmückt ist, ebenfalls eine deutliche Reverenz sehen könnte. Eine wirkliche, mehr als oberflächliche Rezeption der Gedanken Ernst Niekischs fand in der Breite wohl nicht statt.

Andere politische Denker wurden in keinem vergleichbaren Maße als Vorbilder propagiert. Zwar wurden von Arthur Moeller van den Bruck über Albert Camus und Sebastian Haffner bis hin zu Anarchisten wie Pierre-Joseph Proudhon und Michail Bakunin zahlreiche Autoren in den Artikeln häufig zustimmend zitiert, eine tiefergehende Auseinandersetzung mit deren Thesen wurde jedoch nicht weiter nahegelegt. Eine Umfrage bei der Gründungsversammlung der SdV über Philosophen und Staatsmänner, die die befragten Nationalrevolutionäre als besonders einflussreich bezeichneten, lieferte ebenfalls recht bunt gemischte Ergebnisse: Als die drei einflussreichsten Denker wurden in dieser Reihenfolge Konrad Lorenz, Immanuel Kant und Friedrich Nietzsche, bei der Frage nach den drei größten Politikern und Staatsmännern Friedrich der Große, Mao Tse-Tung und Alexander Dubček genannt.

Ob und inwieweit all diese Denker in der Tat als Inspiration oder Vorbild für die Theoriebildung der Nationalrevolutionäre dienten, ist schwer zu sagen. In einem Interview mit den Politikwissenschaftlern Peter Dudek und Hans-Gerd Jaschke von 1980 sah Henning Eichberg rückblickend die Versuche intellektueller Traditionsbildung als überwiegend gescheitert an:

> „Wir haben herausgefunden, daß sich doch nicht an viel anknüpfen läßt. Es gibt eine Menge Dinge, die man von Ernst Niekisch (...) lernen kann, aber hinsichtlich des Sozialismus kriegt man auch da nicht viel Boden unter die Füße"[260].

---

258 Reinhardt, Udo, Vortrag über Ernst Niekisch im November 1979 (II), in: Ideologie & Strategie 35 (1980), S. 1–2, S. 1.

259 Reinhardt, Udo, Vortrag über Ernst Niekisch im November 1979 (I), in: Ideologie & Strategie 34 (1980), S. 1–2, S. 1.

260 Eichberg, Gespräch über die nationale Frage, S. 171f.

In der Tat inspirierend hätten auf Eichberg eher andere Einflüsse als die in den 70er propagierten Vordenker gewirkt: Neben Lassalle zählte er dazu den linken Zionismus von Moses Hess und den irischen nationalen Syndikalismus, hauptsächlich aber europäische und deutsche, dezidiert linke Arbeiterbewegungen.

Diese späte Einsicht ist jedoch für die Bezugnahmen und Traditionen, in denen sich die Nationalrevolutionäre sahen und die sie propagierten, unerheblich. Für die Selbstverortung innerhalb der politischen Landschaft hatte die Schaffung von Bezugspunkten durch die – vorsichtige – Benennung von Vordenkern bei gleichzeitiger Proklamation der ideologischen Neuartigkeit nach außen hin Vorrang.

Distanzierungen und Abgrenzungen

Für diese Selbstverortung war sowohl die Bestimmung von Feindbildern als auch die Abgrenzung von verwandten oder als verwandt empfundenen zeitgenössischen politischen Strömungen ebenso bedeutsam. Letztere war für die Nationalrevolutionäre, die ja maßgebliche Teile ihres Selbstverständnisses daraus zogen, das traditionelle Links-Rechts-Schema aufzubrechen, von besonderer Dringlichkeit: Um nicht als reine Abspaltung oder Variante der jeweils anderen Seite diffamiert werden zu können, mussten sie folglich in der Lage sein, sich definitorisch penibel gegenüber beiden Richtungen zu behaupten.

Um die politischen Frontlinien neu zu bestimmen, musste man sich also auf der rechten Seite sowohl von der konservativen Traditionsrechten als auch von Nationalsozialismus, Hitlerverehrung und Faschismus lossagen, gleichzeitig links aber ebenso weit von der marxistischen Studentenbewegung absetzen. Beides sollte geschehen, ohne die potentiellen nationalrevolutionären Mitstreiter auf beiden Seiten zu verprellen oder den selbstvertretenen Nimbus der Radikalität zu verlieren – Distanzierungen, die in ihrer Häufigkeit „ritualhafte Züge“[261] annehmen mussten.

Gegenüber dem Konservatismus, zu dem auch die CDU/CSU gezählt wurde, war die Abgrenzung am schärfsten und selbstverständlichsten; die den Konservativen unterstellten Attribute wie Rückwärtsgewandtheit, Passivität, Bewahrung und die Betonung von Gemüt, Emotion und vergangenheitsbezogenen Sehnsüchten passten nicht zu der von den Nationalrevolutionären geforderten revolutionären Grundhaltung und rationalen Vorgehensweise. In einer auch für Deutschland Modellcharakter beanspruchenden Studie über die schwedischen Rechtskonserva-

---

261 Bartsch, Revolution, S. 130.

tiven wurde gerade der Mangel an Dynamik und Systemopposition und der Ballast der grundsätzlichen Bejahung des Bestehenden und des Staates als Grund angeführt, warum die Rechte für die Jugend keine echte Alternative darstelle. Helfen könne hier nur ein „qualitativer Sprung“[262], der das Element der Revolution auch auf der rechten Seite des politischen Spektrums einführte. Der politische Konservatismus bildete im Selbstverständnis der Nationalrevolutionäre durch Ideologieverachtung und Fortschrittsfeindlichkeit also geradezu den Gegenpol zum eigenen Standpunkt, ihm fehle jede Utopie:

> „Als pragmatische Haltung verstanden, ist er [der Konservatismus, B.S.] im Grund eine opportunistische Idee. Weil konservatives Denken nicht illusorisch, sondern realistisch ist. So realistisch, daß es ziellos wird“[263].

Komplizierter und drängender hingegen war eine Abgrenzung von Faschismus und Nationalsozialismus. Obwohl insbesondere der frühe italienische Faschismus zahlreiche thematische und rhetorische Berührungspunkte bot - der postulierte dynamische Bewegungscharakter, Technikverehrung, die Beschwörung des Fortschritts bei gleichzeitiger Nationalisierung der Massen - wurden diese kaum rezipiert. Spezielle Abgrenzungen Mussolinis Faschismus gegenüber finden sich so selten wie Bezugnahmen darauf. Es ist anzunehmen, dass man sich der Unterschiede zwischen Faschismus und Nationalsozialismus entweder nicht bewusst war oder das Risiko einer Identifikation mit dem Begriff des Faschismus in der Öffentlichkeit nicht eingehen mochte.

Der Faschismus und mit ihm der Nationalsozialismus waren für die Nationalrevolutionäre also „tot“, neofaschistische Gruppen „Karikaturen“[264], Rehabilitationsversuche sinnlos. Auch die Person und der Kampf Adolf Hitlers seien ohne Bewunderung oder Würdigung zu betrachten. Dass verschiedene Elemente aus der Zeit des Nationalsozialismus wie die Waffen-SS oder staatssozialistische Elemente in der Wirtschaftspolitik wie schon dargestellt dabei durchaus positiv bewertet wurden, änderte nichts daran, dass der Nationalsozialismus im Ganzen verdammt wurde; Faschismus und Nationalsozialismus bedeuteten Führerkult, Kriegstreiberei und Imperialismus, was in direkter

---

262 Eichberg, Henning, Rechtsopposition in Schweden. Konservative Kritik in einer ziellosen Gesellschaft, in: Junges Forum (1968), H. 2, S. 1–24, S. 24.

263 Meinrad, Michael, Hilfe, die Faschisten kommen!, in: Im Brennpunkt (1970), H. 3, S. 15–23, S. 19.

264 Waldmann, Gert, Der alte Faschismus und der neue Nationalismus, in: Fragmente 20 (1970), S. 30–33, S. 32.

Opposition zu den Idealen der nationalrevolutionären Bewegung stünde.

Häufigstes Objekt von Polemik, Spott und Abgrenzung war aber die programmatisch so bezeichnete „Alte Rechte", die in ihrer definitorischen Unbestimmtheit nach Auffassung der Nationalrevolutionäre sowohl konservative als auch nationalsozialistische Elemente mit konterrevolutionärer Behäbigkeit und Rückwärtsgewandtheit verband. Das Ausmaß an Kritik, das man dieser heterogenen Menge an politischen Überzeugungen und deren Trägern zukommen ließ, stand jedoch in einem gewissen Missverhältnis zu den tatsächlich festgestellten und herausgearbeiteten ideologischen Differenzen und folglich dem Verschweigen der weltanschaulichen Berührungspunkte zwischen der Alten und der Neuen Rechten. Die Vorwürfe der Ablehnung einer umfassenden politischen Ideologie zugunsten von Gemüt und Tradition, des Vertretens eines unrealistischen Menschenbildes und der „Achtung vor dem Seienden"[265] trafen wie auch die des nationalen Chauvinismus und der Fremdenfeindlichkeit eher einzelne, wenn auch zahlreiche Gruppen innerhalb des rechten Spektrums. Sie blieben in ihrem Anspruch, sich definitorisch und ideologisch radikal von traditionsrechts abzusetzen, aber kraftlos.

Auch die Ablehnung der Ideologie von „Blut und Boden" und Antisemitismus, die Anerkennung der Kriegsschuld von 1939 sowie der Legitimität der Attentäter des 20. Juli 1944, von Alexander Epstein in einer Strategiediskussion für die nationalrevolutionäre Bewegung als markanteste Abgrenzungsmerkmale genannte Punkte[266], bildeten zwar im nationalrevolutionären Selbstverständnis die offensichtlichsten Differenzen zur Alten Rechten, grundlegende ideologische Unterschiede waren darin aber ebenso wenig zu erkennen wie in der Ablehnung von rechten Verschwörungstheorien zugunsten des Primats der Analyse von unterdrückerischen Strukturen.

Die neuen Konzepte der jungen rechten Generation wie der Ethnopluralismus und die Ausrichtung an Europa waren sicherlich mehr als nur kosmetische oder taktisch motivierte Änderungen an den – wie auch immer definitorisch zu erfassenden – politischen Inhalten der älteren Generation der extremen Rechten. Die theoretische Erarbeitung und Verdeutlichung eines wirklich grundlegenden ideologischen Unterschiedes zwischen Alter und Neuer Rechter jedoch fand nicht in dem Maße statt, das die Heftigkeit der Abgrenzung implizierte, die in Klaus

---

265 Eichberg, Basis, S. 39.

266 Epstein, Strategie, S. 22.

Schönekäs' Worten eher „atmosphärischer Natur"[267] war. Die ideologischen Differenzen wurden dessen ungeachtet jedoch auch intern als faktisch gegeben verstanden: „Ideologische (...) Gemeinsamkeiten zwischen der nationalrevolutionären Bewegung und rechtsreaktionären Organisationen sind kaum noch festzustellen"[268], eine Zusammenarbeit mit diesem Lager sei also keinesfalls anzustreben, beschlossen die Teilnehmer des jährlichen nationalrevolutionären Koordinierungstreffens von 1972 in einem vertraulichen Abschlusspapier.

Als institutionelle Manifestation dieses rechtsreaktionären Lagers galt insbesondere die NPD als einzige rechte Partei von Bedeutung. Stellvertretend für die gesamte Alte Rechte wurde ihr eine staatsloyale, bundesdeutsch-nationalkonservative und antisozialistische Haltung vorgeworfen[269], von der man sich scharf distanzierte. Schlüssig erschien dies insofern, als dass sich die NPD zu dieser Zeit nicht als systemoppositionell gerierte, sondern eher als verlängerter Arm des konservativen Bürgertums auftrat. Sie vertrat daher „'nur' noch mehr Autorität, noch mehr Militär, noch mehr Antikommunismus/Antisozialismus und noch weniger Kriegsverbrecher-Bestrafung, noch weniger Nazi-Verfolgung, noch weniger Pluralismus, noch weniger Gewerkschaftseinfluß"[270].

Obwohl zumindest die Mitglieder der Jugendorganisation der Partei, die Jungen Nationaldemokraten, als potentielle Zielgruppe politischer Agitation angesehen wurden, wurde auch der öffentliche Kontakt und die Zusammenarbeit mit der NPD überwiegend abgelehnt - ein Flugblatt mit einer Einladung zum Besuch eines Informationsstandes anlässlich der 5. Bundesversammlung 1969 in Berlin begrüßte „alle Mitglieder der Bundesversammlung, sofern sie nicht der NPD angehören, recht herzlich in unserer Stadt"[271]. Gleichzeitig war die Distanzierung von der NPD wohl auch als Absage an den parlamentarischen Weg zu deuten, wodurch etwaige Überlegungen, die NPD im nationalrevolutionären Sinne zu unterwandern, verworfen wurden. Die Konsequenz für die junge Generation der Rechten musste sein, „daß sie sich nicht an die Chimäre einer Zusammenarbeit mit Gruppen klammert, mit denen sie

---

267 Greß, Jaschke, Schönekäs, Neue Rechte, S. 295.

268 Ergebnisse und Schlußfolgerungen aus dem Treffen der nationalrevolutionären Kräfte am 12. und 13. August 1972 in Berlin. Nur zur vertraulichen Kenntnisnahme, abgedruckt in: Bartsch, Revolution, S. 231-232, S. 232.

269 Epstein, Strategie, S. 6.

270 Stöss, Väter und Enkel, S. 42.

271 Einladung zum Informationsstand am Wittenbergplatz am 01.03.1969, abgedruckt in: Bartsch, Revolution, S. 206.

nichts verbindet als persönliche Kontakte und das Etikett ‚rechtsradikal'"[272].

Während die Abgrenzung gegenüber der Alten Rechten zwar entschieden, aber kaum begründet formuliert war und insofern als selbstverständliche Tatsache vermittelt wurde, hatte die Auseinandersetzung mit der Linken einen deutlich ideologischeren Charakter. Insbesondere wurde der Beschäftigung mit dem Marxismus als bestimmende Ideologie der Linken Aufmerksamkeit geschenkt. Zwar wurden Marx' Theorien abgelehnt, dies jedoch im Rahmen einer vergleichsweise differenzierten Beschäftigung mit dem als solchem aufgefassten marxistischen Weltbild.

Während die Marx-Rezeption in der Entstehungs- und politischen Selbstfindungsphase der Nationalrevolutionäre in den späten 60- und frühen 70er Jahren noch von einem eher polemischen Ton und einer Frontstellung von marxistischem Idealismus gegen nationalrevolutionären Realismus dominiert wurde[273] und Marx' Arbeit oft genug als Projektionsfläche diente, von der man sich abheben wollte, veränderte sich der Blickwinkel später zu einer differenzierteren Betrachtungsweise. Ein Artikel in *Ideologie & Strategie* etwa warnte entschieden vor einer simplifizierenden Marxismuskritik von der nationalrevolutionären Seite und betonte die Notwendigkeit der Trennung der Kritik an Karl Marx' Thesen von der Kritik an der marxistischen Interpretation von Karl Marx und der Kritik an der marxistisch-leninistischen Praxis, die Marx oftmals nicht in seinem Sinne auslege[274].

Mit anderen als links geltenden politischen Strömungen sah man indes auch weltanschauliche Berührungspunkte. Insbesondere der Maoismus und mit Abstrichen auch der Trotzkismus wurden diesbezüglich rezipiert, auch wenn die Anknüpfungspunkte der Systemopposition, der Gegnerschaft zur Sowjetunion und der Forderung nach Einheit und Freiheit der Nationen nicht überwinden konnten, dass der Marxismus als ideologisches Trennelement eine Zusammenarbeit mit diesen Gruppen noch verhinderte. Dennoch standen den Nationalrevolutionären die Maoisten und andere systemoppositionelle Linke näher als etwa der systemimmanente Weg der Jusos[275].

---

272 Malde, Alte Rechte - Neue Rechte, S. 2.

273 Das marxistische Menschenbild ist falsch!, in: Rebell 3 (1973), H. 4, S. 1, S. 1.

274 W.H., Marxismus-Kritik, in: Ideologie & Strategie 18 (1976), S. 1–2, S. 2.

275 Meinrad, Michael, Neue Linke - Neue Rechte, in: Ideologie & Strategie 6 (1973), S. 1–2, S. 1.

Das Verhältnis zu der Linken als ideologischem Gegner bedeutete demzufolge nicht zwingend, dass auch die Linken zum Feindbild erklärt wurden. Die vom Marxismus indoktrinierte Jugend wurde vielmehr als fehlgeleitet, im Gegensatz zu unpolitischen „Anpassern, Karrierefans und Opportunisten, doppelkinnigen Apparatschiks vom Typ gewisser glattgesichtiger Junge-Union-Funktionäre"[276] jedoch prinzipiell als zur nationalrevolutionären Weltanschauung bekehrbar gesehen. Verständnis der gegnerischen Position und Respekt seien hierzu der Schlüssel: Was die Nationalrevolutionäre auszeichne, sei

> „die unbedingte Hochachtung, die sie ihrem überzeugten Gegner zollen. Derjenige, der für seine Sache die Hand ins Feuer legt, ist uns in jedem Falle mehr wert als einer, der die Schicksalsfrage unseres Volkes an seinem eigenen Profit mißt und sich der Stimme enthält. So betrachtet, sind wir tolerant und militant zugleich"[277].

Ob dieser postulierte Respekt in der politischen Praxis tatsächlich gelebt wurde, sei einmal dahingestellt. Offensichtlich zählte man auf zahlreiche enttäuschte Linke, die früher oder später auf den nationalrevolutionären Kurs einschwenken würden.

Diesbezüglich zeigte man sich recht optimistisch. Auch die Neue Linke sei seit dem Zerfall der APO ideologisch zersplittert, ein Großteil ihrer Anhänger, „nicht selten überdurchschnittlich intelligente Theoretiker"[278], habe sich bereits vom Kommunismus sowjetischer Prägung abgewandt und beziehe die Kategorie der Nation in ihre Überlegungen mit ein. Die Erfahrung der deutschen Teilung, die nationalistischen Befreiungsbewegungen weltweit und die Unterdrückung der Völker in der Sowjetunion hätten sogar dezidierte Leitfiguren der Neuen Linken – darunter Herbert Marcuse, Peter Brückner, Heinrich Böll und Hans-Magnus Enzensberger – dazu bewegt, sich gedanklich zur Nation und zum Sozialismus des nationalen Weges vorzutasten. Die von den Linken geübte Solidarität mit den Befreiungsbewegungen in der Dritten Welt sei lediglich als psychologische Ersatzbefriedigung für den eigenen, verdrängten Nationalismus zu werten. Als prominentestes Beispiel für das beobachtete Umdenken im linken Lager wurde aber Rudi Dutschke angeführt, dessen Satz von einer „originär westeuropäischen"[279] Revolution als Abkehr vom internationalen Marxismus gedeu-

---

276 Eichberg, Henning, Die Jugend an die Macht?, in: Nation Europa 20 (1970), H. 1, S. 27–33, S. 27.

277 Meinrad, Antwort, S. 24.

278 Eichberg, Henning, Lernprozeß, in: Ideologie & Strategie 10 (1974), S. 1–2, S. 1.

279 Ebd., S. 1.

tet wurde und der in der Tat 1978 mit Henning Eichberg eine öffentliche Diskussion über die Relevanz der nationalen Frage führte.

Für die Nationalrevolutionäre war die Neue Linke also mehr ein zukünftiger als nur ein potentieller Verbündeter. Um diese beinahe zwangsläufige Entwicklung zu beschleunigen, müsse man neue Fronten aufbauen und die bisherige Abgrenzung von rechten und linken Protestbewegungen als „handfeste Manipulation durch die Herrschenden“[280] entlarven. Systemopposition, Protest und insbesondere der Generationenkonflikt sollten das verbindende Glied zwischen den ehemaligen Gegnern sein:

> „Die herrschenden Parteien, die ‚Alte Linke‘ und die Alte Rechte haben miteinander gemeinsam eine propagandistisch ausnutzbare Altersstruktur ihrer Kader. Sie sind schon von daher auf einen gemeinsamen Nenner der Ablehnung zu bringen. Demgegenüber gilt für die ‚Neue Linke‘ (...) eine Altersstufenverwandtschaft, die größere Verständigungsmöglichkeiten und -Notwendigkeiten bietet. Gemeinsame Frontstellungen gegenüber dem status quo, gegen die herrschenden Parteien usw. beleben de facto: Sie auszunutzen zum Zwecke des Aufbauens einer neuen Front muß eines der Ziele der Neuen Rechten sein, das gar nicht willkürlich erwogen wird, sondern nahezu zwingend sich punktuell ergibt“[281].

Diese neue Bestimmung von Feindbildern sollte schlussendlich auch in einem Aufbrechen der herkömmlichen Einteilung der politischen Landschaft in die zwei Lager ‚links‘ und ‚rechts‘ münden, die als „Gesäßgeographie“[282] abgetan wurde. Vielmehr wurde versucht,

> „dem politischen Spektrum eine Neuverteilung der politischen Werte zu verpassen und damit die prägende Initiative an sich zu reißen. Der politische Bruch im Volke, der von den Regierenden verursacht wurde, muß von der Neuen Rechten neu interpretiert werden“[283].

Als Alternative wurde etwa eine Trennung politischer Systeme und Ideologien in progressive und reaktionäre entworfen: Zu letzteren sollten weltweit die Sowjetunion, sowjetisch orientierte Parteien und die etablierten westlichen Regierungen, bundesweit alle etablierten Parteien einschließlich der DKP sowie das altrechte Lager gehören. Zum pro-

---

280 Eichberg, Totale Nation, S. 38.

281 Malde, Alte Rechte, S. 2.

282 Eichberg, Henning, Nationalismus und Demokratie, in: Junge Kritik 1 (1970), S. 43–60, S. 57.

283 Epstein, Strategie, S. 24.

gressiven Lager wurden China, unabhängige Drittweltstaaten, westliche, osteuropäische und weltweit nichtmarxistische Befreiungsbewegungen und in der Bundesrepublik die Maoisten, die unabhängige Linke und die Neue Rechte gezählt[284].

Zwar war man sich der Fragilität einer solchen Einteilung bewusst, dennoch war das Motiv der Neudefinition der politischen Pole und eines Selbstbewusstseins als jenseits einer Einteilung in ein Links-Rechts-Spektrum von Beginn an mal mehr, mal weniger in den Diskussionen der Nationalrevolutionäre aktuell. Die Verortung der eigenen Position zeigte sich daher besonders deutlich im postulierten Verhältnis zur Linken, also zum traditionellen Antagonisten des eigenen Standpunktes - die Suche nach neuen Elementen der Abgrenzung und der Verbindung wurde jedoch nur zum Teil offen diskutiert und bewusst reflektiert.

---

284 Ebd., S. 24.

5. Der Habitus der Nationalrevolutionäre

Begriffsklärung

Die soweit dargestellten Merkmale der Nationalrevolutionäre, also Ideologie, Traditionen, Selbstverortung und Abgrenzung zu anderen politischen Strömungen, haben alle gemeinsam, dass sie bewusst in die Öffentlichkeit getragene, reflektierte und explizite Äußerungen darstellen, die nach außen und innen ein bestimmtes Bild dieser Bewegung formen und repräsentieren sollten. Dieses Bild wäre jedoch unvollständig ohne eine Berücksichtigung der präreflexiven Dispositionen, die die Nationalrevolutionäre dazu bewegten, so zu handeln, wie sie handelten, und zu der Ideologie zu kommen, zu der sie kamen.

Ohne darauf einzugehen, ob und inwieweit das Theoriegebäude der Nationalrevolutionäre in sich logisch schlüssig war und somit die Grundlage für eine politische Bewegung bilden konnte, scheint es bisher, dass das verbindende Element, das ein Gefühl der Zusammengehörigkeit nach innen und der Abgrenzung nach außen schuf, nicht so sehr eine durchdachte und verbindliche Ideologie war, sondern eher das Gefühl oder die Beschwörung einer gemeinsamen politischen Identität, die auf einer bestimmten „Haltung“ basierte. Es scheint also erwägenswert, der Frage nachzugehen, ob die Wurzel des Selbstverständnisses der Nationalrevolutionäre als „jenseits von links und rechts“ vielleicht eher in dieser - vorpolitischen - „Haltung“ lag als in einer politischen Ideologiesynthese.

Für die Analyse dieser „Haltung“ bietet sich der durch Pierre Bourdieu konzeptualisierte Begriff des „Habitus“ an, da dieser sowohl in seiner Berücksichtigung von reflektierten und präreflexiven Äußerungen als auch deren Auswirkungen in der sozialen Praxis recht umfassend ist. Für Bourdieu stellte das Konzept des Habitus ein Bindeglied zwischen einer subjektbezogenen Handlungstheorie und dem den Handelnden zum Träger einer Struktur reduzierenden Strukturalismus dar[285]. Innerhalb eines sozialen Feldes seien die Handlungen der Akteure zwar Regeln unterworfen, die nicht übertreten werden können. Im Rahmen dieser Regeln jedoch herrsche ein gewisser Handlungsspielraum.

Der Habitus stelle nun den Orientierungsrahmen dar, mithilfe dessen sich die Akteure gegenüber neuen und unbekannten Situationen positi-

---

285 Bourdieu, Pierre, Die Regeln der Kunst. Genese und Struktur des literarischen Feldes, Frankfurt am Main 1999, S. 285.

onieren können, der also Handlungsmuster und Verhaltensanweisungen liefere: So

> „ließe sich der Habitus als ein System verinnerlichter Muster definieren, die es erlauben, alle typischen Gedanken, Wahrnehmungen und Handlungen einer Kultur zu erzeugen - und nur diese"[286].

Diese verinnerlichten Muster seien nicht angeboren, sondern in einem Sozialisationsprozess erlernt, der von frühesten Kindheitserlebnissen an über das Durchlaufen gesellschaftlicher Bildungsinstitutionen bis hin zur Arbeitswelt menschliche Denk-, Wahrnehmungs- und Handlungsschemata, aber auch Körperbewusstsein, Haltung, Geschmack und Lebenseinstellung präge[287].

Dieser Sozialisationsprozess sei innerhalb bestimmter Gruppen (z.B. sozialer Klassen) ein kollektiver, kein rein individueller. Auch gewöhnlich als von Mensch zu Mensch individuell unterschiedlich geltende Neigungen, wie die Präferenz von bestimmten Nahrungsmitteln oder musikalischen Stilen, seien durch vorbewusste Prägungen sozialer Art weitgehend vorherbestimmt. Der Habitus erstreckt sich somit nicht nur auf intellektuelle Überzeugungen oder Glaubensgrundsätze, sondern beeinflusst als „Leib (...) gewordene Geschichte"[288] auch grundlegende Wahrnehmungsschemata und Körpererfahrungen und begründet somit eine kohärente Identität.

Indem die Akteure lediglich im Rahmen der erlernten Dispositionen auf Situationen reagieren und handeln können, dies aber relativ frei, werden diese der Handlung zugrundeliegenden Strukturen in der Praxis gleichzeitig reproduziert, erschaffen und erhalten sich also selbst immer wieder: „Der Habitus ist nicht nur strukturierende, die Praxis wie deren Wahrnehmung organisierende Struktur, sondern auch strukturierte Struktur"[289]. Dies sollte allerdings nicht dazu führen, den Habitus insofern als rein determinierend zu verstehen, als dass den Akteuren nur eine begrenzte Anzahl an Handlungsmöglichkeiten zur Verfügung stünde. Der Habitus begrenzt und bestimmt nicht so sehr die einzelnen möglichen Praktiken, sondern eher, und dies ist für eine Be-

---

[286] Bourdieu, Pierre, Zur Soziologie der symbolischen Formen, Frankfurt am Main 1970, S. 143.

[287] Joas, Hans; Knöbl, Wolfgang, Sozialtheorie. Zwanzig einführende Vorlesungen, Frankfurt am Main 2004, S. 533.

[288] Bourdieu, Pierre, Sozialer Raum und „Klassen". Zwei Vorlesungen, Frankfurt am Main 1985, S. 69.

[289] Bourdieu, Pierre, Die feinen Unterschiede. Kritik der gesellschaftlichen Urteilskraft, Frankfurt am Main 1982, S. 279.

trachtung der Nationalrevolutionäre relevant, die Art und Weise ihrer Ausführung[290].

Die wichtigsten Beobachtungsgegenstände Pierre Bourdieus waren die sozialen Klassen Frankreichs, auf deren Distinktionsverhalten er sein Habituskonzept zuschnitt. Für eine fruchtbare Analyse des Habitus der Nationalrevolutionäre sind somit Modifikationen notwendig, die aber nicht so umfangreich ausfallen dürften, den Habitus generell nur als „Art, sich zu geben" zu betrachten, da bei dieser Betrachtungsweise weder der vorbewusste Aspekt noch das Ausmaß der Dispositionen bis hin zur Körpererfahrung einbezogen wird. Vielmehr erscheint es sinnvoll, den Habitusbegriff von seiner Verbindung mit sozialen Klassen zu lösen und somit auch auf kleinere soziale Felder als die gesamte Gesellschaft und ihre sozialen Ungleichheiten beziehen zu können[291]. Nach dieser Modifikation erscheint es auch plausibel, dass Akteure einen Habitus haben können, der nicht zu ihrem frühkindlichen Sozialisationsumfeld passt, sondern erst später inkorporiert wurde. Dies kann aber nicht bewusst erfolgen: Der unbewusste, unreflektierte Charakter des hier verwendeten Habitusbegriffs soll nochmals unterstrichen werden – unbewusst nicht im Sinne der Psychoanalyse, sondern insofern, als dass seine Genese und Aneignung vergessen und nicht reflektiert wurde[292].

Als Habitus im im Folgenden verwendeten Sinne kann also ein System von verinnerlichten Wahrnehmungs-, Handlungs- und Denkschemata gelten, das sinnvolles Handeln in der sozialen Praxis ermöglicht und dessen Strukturen sich durch Anpassung an neue Situationen unbewusst reproduzieren. Diese „inkorporierte Notwendigkeit"[293] beeinflusst zwar alle Bereiche einer Person, von rational überlegt erscheinenden Überzeugungen über die Körperhaltung und -bewegung und Sprache bis hin zu scheinbar willkürlichen Geschmacksurteilen, muss aber nicht zwingend von Geburt an anerzogen worden sein, sondern kann auch später durch Nachahmung erworben und in der Praxis an neue Gegebenheiten angepasst werden, ohne ihren impliziten Charakter zu verlieren.

---

290 Schwingel, Markus, Bourdieu zur Einführung, Hamburg 1995, S. 65.

291 Eine dahingehende Kritik am zu starren und individualistischen Bild praktischen Handelns bei Bourdieu beispielsweise auch bei Hörning, Karl, Kultur als Praxis, in: Jaeger, Friedrich; Liebsch, Burkhard (Hg.): Handbuch der Kulturwissenschaften, Bd. 1, Stuttgart [u.a.] 2004, S. 139–151, S. 149.

292 Schwingel, Bourdieu, S. 57.

293 Bourdieu, Unterschiede, S. 278.

Auf diese Weise ist es möglich, den Wandel von der „Alten" zur „Neuen" Rechten, den die nationalrevolutionären Aktivisten und damit auch ihre Bewegung durchmachten, weniger als ideologischen, wie sie es wohl selbst verstanden, sondern als stärker habituellen zu beschreiben. Insbesondere das Selbstverständnis als „linke Leute von Rechts" lässt sich auf diese Art besser erklären als ein tatsächlicher ideologischer Brückenschlag zwischen den Lagern: Wie sich zeigen wird, war der Abstand zwischen den Nationalrevolutionären und den etablierten Rechtsextremen habituell viel extremer als die Unterschiede zwischen den jeweiligen politischen Ideologien.

Im folgenden Kapitel soll also geklärt werden, aus welchen Elementen sich der Habitus der Nationalrevolutionäre zusammensetzte, also untersucht werden, auf welche Art und Weise sie Nationalrevolutionäre wurden und waren, nicht, was sie konkret taten. Wenn man der skizzierten Hypothese der Trennung zwischen Habitus und Ideologie folgt, erscheint es logisch, dass dieser Habitus - wenn auch nur implizit - als „links" gegolten haben muss, zumindest im nationalrevolutionären Selbstverständnis. Inwiefern dies in zeitgenössischen linken oder linksalternativen Milieus anschlussfähig gewesen wäre, soll für den Moment zukünftiger Forschung überlassen bleiben. Gleichzeitig bedeutet dies aber auch, dass die Bestandteile dieses als „links" geltenden Habitus ideologisch eher unpolitisch gewesen sein müssen, da andernfalls eine Verbindung mit „rechten" Ideologieelementen oder auch einer in sich schlüssigen, als rechts geltenden Weltanschauung nur schwer möglich gewesen wäre.

Ohne einem Ergebnis vorgreifen zu wollen, liegt es nahe, dass sich die nationalrevolutionären Aktivisten nicht komplett von der Atmosphäre der Revolte und des Protests, der revolutionären Rhetorik, der Omnipräsenz von APO, SDS und den K-Gruppen in den 60er und 70er Jahren isolieren konnten, die ihre Altersgenossen und Kommilitonen politisierte und zumindest semantisch dem Begriff der „Neuen Linken" zuzurechnen war. Zwar waren diese Gruppierungen ideologisch durchaus heterogen, habituell hingegen ähnelten sie sich, und erst dieser Habitus machte sie zumindest in den Augen der Nationalrevolutionäre zu Linken - ein Habitus, den man in gewisser Weise übernahm. An dieser gefühlten Nähe zum linken Lager lag es, dass man die potentiellen Verbündeten eher dort suchte als auf der traditionellen Rechten.

Der „linke" Habitus der Nationalrevolutionäre

Aufgrund der Quellenlage - überwiegend Zeitschriften und Zeitungen ohne Bilder, Flugblätter, Aufkleber etc. - ist es offenkundig problematisch, ein völlig unmittelbares Bild - auch im wörtlichen Sinne - der Nationalrevolutionäre und ihrer Praxis zu bekommen, sofern diese Praxis etwas anderes beinhaltete als politische Theoriebildung und ihre Vermittlung. Dennoch ist es möglich, zahlreiche Bestandteile zu bestimmen, die zusammengenommen eine anschauliche Skizze des nationalrevolutionären Habitus vermitteln.

Der Anschaulichkeit wegen werden diese habituellen Elemente - man könnte sie analog zu Ideologemen auch als Habitueme bezeichnen - im Folgenden in vier Kategorien unterteilt, die sich, wenn auch mit überschneidenden Randbereichen, voneinander trennen lassen:

Erstens die *Dimension des Körpers* im weitesten Sinne, von Kleidungsstil und Sprache bis hin zum Körpergefühl, zweitens das eigene Verständnis des *Verhältnisses zur Ideologie* an sich, drittens der *ästhetische Stil* bzw. die ästhetischen Stile in der Selbstrepräsentation und schließlich, viertens, die *Art und Ausführung der politischen Arbeit*, einschließlich Aktions- und Organisationsformen - nicht die tatsächlich ausgeführte Art der Organisation und Aktion, sondern wie man über diese sprach und wie man sie angehen wollte.

Da in den Archivbeständen leider kaum Fotografien von den nationalrevolutionären Aktivisten zu finden waren, ist über ihr tatsächliches Erscheinungsbild heute wenig zu sagen; über derlei triviale und offensichtliche Dinge wurde in den Zeitschriften und Flugblättern wenig geschrieben. Günter Bartsch berichtet, dass Henning Eichberg in seinem Wohnort „komischerweise als linksradikal", ja als Anarchist gälte, ein Eindruck, der „durch Kleidung und Haarschnitt begünstigt" werde[294], und Alexander Epstein, der Praktiker unter den Theoretikern, mahnte die Notwendigkeit „intensiver Imagepflege (verpönt: Anzug, Krawatte, allzu kurze Haare)"[295] an. Auch in einem Artikel des *Spiegel* wurde das Tragen von Jeans und langen Haaren als Abgrenzungsmerkmal von der traditionellen Rechten gewertet[296] und stellte sicherlich die für die Öffentlichkeit augenscheinlichste Neuerung am rechten Rand dar. In einigen Quellen finden sich auch Bemerkungen, die zumindest ein wohl-

---

294 Bartsch, Revolution, S. 19.

295 Epstein, Alexander, Außerparlamentarische Mitarbeit (APM), Berlin, in: Junges Forum (1971), H. 3, S. 8–14, S. 14.

296 „Wir handeln nur über Kimme und Korn", in: DER SPIEGEL (1975), H. 35, S. 28–30, S. 28.

wollendes Interesse der Nationalrevolutionäre an weiteren Bereichen nahelegen, die als extremere Merkmale des Lebensstils der linken Jugend galten, beispielsweise die Forderung nach einer offenen Sexualmoral[297] sowie zumindest keine absolute Ablehnung von Drogen bzw. Marihuana[298].

Doch nicht nur von den ehemaligen Gesinnungsgenossen setzte man sich durch das Tragen moderner Kleidung ab, sondern, wie es selbstverständlich auch die linken Studenten taten, von der Elterngeneration. Durch sämtliche Schriften der Nationalrevolutionäre zieht sich eine ausgesprochene Verehrung der „Jugend" als Motiv, der den offensichtlichen, personellen Generationenkonflikt zwischen einer im Dritten Reich sozialisierten, alten Generation einerseits und einer sich als frisch und jung verstehenden Generation andererseits auf eine prinzipielle Ebene hob. Aufgrund der zunehmenden Wandlung und Technisierung der Welt und einer neuen Qualität des Denkens, die von Methodenkritik und rationaler Selbstreflexion geprägt war, spreche man nicht mehr die gleiche Sprache (die Verwendung zahlreicher marxistisch-leninistischer Fachtermini zur politischen Analyse in den Schriften der Nationalrevolutionäre bestätigte dieses Gefühl) und denke nicht mehr die gleichen Gedanken wie die Vorgängergeneration[299]. Eine Verständigung schien auf einer grundsätzlichen Ebene nicht mehr möglich.

Lebenserfahrung und Reife, bisher Ausweis von Weisheit, galten den Nationalrevolutionären nichts mehr, Jugendlichkeit bildete hingegen einen Wert an sich und nahm beinahe schon den Status einer prinzipiell revolutionär gesinnten Charaktereigenschaft ein:

> „Welcher Bruchteil der komplexen Welt von heute kann überhaupt noch durch ‚Lebenserfahrung' erlernt werden?
> Und: Wielange (!) sollen wir noch warten?
> Und wie, wenn Alter nicht Reife, sondern Abbau wäre? Die seltenen Ausnahmen der noch im Alter fruchtbar und in die Zukunft denkenden Männer widerlegen das nicht (...) Jugend beweist sich im Bewußtsein. Jugend erweist sich als Bewußtsein"[300].

Unangepasstheit, Wildheit und revolutionärer Drang waren die Attribute, die die Jugend in dem zitierten Artikel über die Geschichte des

---

297 Joß, Gesellschaftspolitik, S. 8.

298 Eichberg, Henning, Konservativer Anarchismus in der amerikanischen Jugend? Zur Typologie, Periodisierung und Kritik des Konservatismus, in: Criticón (1972), H. 12, S. 168–169, S. 168.

299 Eichberg, Manifest, S. 9.

300 Eichberg, Jugend, S. 33.

politischen Generationenkonflikts in Deutschland ausmachten, beginnend mit den Burschenschaften, der „APO ihrer Zeit“[301]. In der Beschreibung des Typus des „aufbegehrenden Studenten“ fand sich der Nationalrevolutionär wieder:

> „Martialische Mähnen und Bärte gehörten zu seiner mit Uniformstücken besetzten Tracht. Die bei heutigen Rockern wieder beliebte Kombination von Haar und Leder verstärkte sein aggressives Auftreten, wenn er mit Rädersporen und Rapier durch die Gassen klirrte, neben sich meist einen riesigen Schlachterhund, und aus überlanger Pfeife übelriechenden Tabak qualmend. Von den Professoren aus Halle berichtet man, daß sie solchen Typen auswichen und sie - wenn das nicht ging - grundsätzlich zuerst grüßten: sicher war sicher!“[302]

Die so skizzierte Frontstellung einer suchenden, von den traditionellen Sinnstiftungsangeboten der Konsumgesellschaft desillusionierten und ihrer Umwelt entfremdeten Jugend gegenüber dem erstarrten, ziellosen und bürgerlichen Establishment konnte nur eine konfrontative sein. Militarismus und eine Ästhetisierung des Krieges aber wurden entschieden abgelehnt.

> „Wenn die eigene Ideologie nicht stark genug ist, die Menschen aufzurütteln und unsere Einsicht zu der ihren zu machen, dann ist Krieg als Fortsetzung der Politik ein Eingeständnis der eigenen Schwäche (...) Nichts ist sinnloser als Krieg, nichts ist zukunftsfeindlicher und unwürdiger“[303]

- dieser Standpunkt verleitete den klassischer orientierten Rechtsextremen Jürgen Rieger zu dem Angebot, dem Autor dieser Sätze, Michael Meinrad, eine *Make love - not war*-Plakette zu schenken, falls er noch keine besäße[304]. Wissenschaft und Technik, insbesondere die Raumfahrt, böten sich als neue Felder an, auf denen man durch Großtaten in die Geschichte eingehen könne, nicht mehr der Krieg.

Vom Militarismus grenzte man aber scharf die als positive Eigenschaft verstandene Militanz als harte und kompromisslose, kämpferische Haltung ab, mit der man die Auseinandersetzung mit dem politi-

---

301 Ebd., S. 27.

302 Ebd., S. 28.

303 Meinrad, Michael, Nationalismus und Militarismus, in: Junges Forum (1971), H. 1, S. 3–12, S. 7.

304 Rieger, Jürgen, Darf es noch progressiver sein?, in: Junges Forum (1971), H. 2, S. 21–23, S. 23.

schen Gegner aufnahm und die als Ausweis ideologischer Ernsthaftigkeit galt:

> „Die Militanz (...) der Vertreter einer Weltanschauung in Theorie und Praxis zeugt von ihrer Radikalität und damit von ihrer tiefen Ehrlichkeit. Auch die Abschaffung des Militarismus als gesellschaftliches und bewußtseinsmäßiges Phänomen kann - wenn überhaupt - nur militant betrieben werden“[305].

Das weit militaristischere Auftreten der französischen Bruderbewegungen mit Khakiuniform und Fahnenappellen wurde einerseits durch die weit stärkere Unterdrückung durch eine brutale KP und andererseits durch eine notwendige Kompensation des „Mangel des Romanen an natürlicher Disziplin“[306] gerechtfertigt.

Diese Bejahung der Militanz, der Kompromisslosigkeit und der nichtmilitaristischen Gewalt fügte sich zu einer Ästhetik der Revolte und des Widerstands gegen das Establishment zusammen, nicht notwendigerweise streng zielgerichtet, sondern mit grundsätzlicher Qualität. Eine künstlerische Form fand diese Haltung etwa in den von Henning Eichberg in den späten 60er Jahren unter dem Pseudonym Thorsten Sievers gedichteten „Revoltesongs“ (die bis in die 90er Jahre in der rechten Szene kursierten). „Während sich die überalterten Funktionäre verwirrt die Augen reiben“, identifizierte man, singend „zu den harten Rhythmen der Beatgitarren“[307], den Feind im „Anpassersong“ mit Bertolt Brecht und Kleinschreibung folgendermaßen:

> „Erstmal raus aus der misere
> erstmal auf den grünen ast
> immer hörn auf gute lehre
> und der umwelt angepaßt
> ach was ham wir
> ach was sind wir
> angepaßt und zukunftsfroh
> ach was sind wir
> auch was sind wir
> auch was ham wir -
> doch die verhältnisse die sind nicht so“[308].

Im „Nacht- und Bonzensong“ fand sich auch eine eindeutige Bejahung politischer Gewalt, auch wenn sie theoretisch blieb und eher ästhetischen Charakter hatte:

---

305 Meinrad, Militarismus, S. 9.

306 Eichberg, Nationalismus ist Fortschritt, S. 13.

307 Eichberg, Henning, Revoltesongs, abgedruckt in: Bartsch, Revolution, S. 239.

308 Ebd., S. 240.

„Die politiker reden vorn
am sonn- und feiertag -
wir handeln nur über kimme und korn
mit dem roten bürokratenpack
drum links und rechts -
die links und die rechts
die kommen uns mit moral
davon haben wir die schnauze voll
das gesöff ist allmählich zu schal

Und weil der imperialist ein imperialist ist
so wie man ihn schon seit jahrzehnten kennt
drum ist und bleibt - wir haben es erprobt -
plastik das beste argument
drum zittert links
drum zittert rechts
wenns an der mauer knallt
wir scheißen auf die friedlichkeit
und probiern es
mit gewalt"[309].

Jugendlichkeit, Konfrontation, Grenzüberschreitung, nichtuniformierte Gewalt, Dynamik, Systemopposition, Nonkonformismus und Revolte der „aufständischen Generation"[310] gegen die bürgerliche Behäbigkeit bilden also das semantische Feld, mit dem sich das Körpergefühl der Nationalrevolutionäre beschreiben lässt, in Eichbergs Worten:

> „Die gesamteuropäische Unruhe unter der intellektuellen Jugend hat den Schleier vorgeblicher Harmonie zerrissen. Das Establishment erscheint plötzlich als basislos, ohne Attraktivität. Eine Beruhigung der Jugend jedoch - für die die ‚alte Rechte' sich stark macht - kann nie und nimmer im Interesse der progressiven Nationalisten liegen. Unruhe ist die erste Pflicht! Unsere Alternative: Mobilisierung der zu repolitisierenden Basis, revolutionäre Demokratie von unten (...), Systemopposition, Angriff"[311].

Angesichts der Omnipräsenz des Revolutionsbegriffs in den nationalrevolutionären Quellen ist es erwägenswert, auch diesem eigentlich politischem Motiv eine körperliche Dimension zuzuschreiben, die über eine Definition der Revolution als meist gewaltsamer, plötzlicher politischer Umsturz hinausgeht und auch eine andauernde Dynamisierung des Individuums und der Gesellschaft mit einschloss. Das Gegen-etwassein an sich war bedeutsamer als der Gegenstand, gegen den man war,

309 Ebd., S. 240.

310 Eichberg, Basis, S. 39.

311 Eichberg, Totale Nation, S. 35f.

das Fortschreiten wichtiger als das Ziel, dem man entgegenschritt: „Man wollte nicht mehr ‚dazu' gehören. Wozu, das ergab sich jeweils aus der konkreten nationalen oder sozioökonomischen Lage"[312].

Auch im Nationalrevolutionären Programm wurde der Begriff „Revolution" recht umfassend verstanden. Er bündelte alle ideologischen Schlachtfelder zu einem – dem Kampf gegen die bestehende Ordnung:

> „Nationale, sozialistische, ökologische, kulturelle und demokratische Revolution haben denselben Gegner: die Herrschaftsverhältnisse und ihre Repräsentanten"[313].

Wie die selbstgewählte Bezeichnung als Nationalrevolutionäre nahelegt, war es die Revolutionsmotivik an sich, die neben der Nation den emotionalen Bezugspunkt der Theoretiker und Aktivisten darstellte. Den Umbrüchen und Protesten der 60er Jahre wurde dabei der Status der Geburtsstunde einer neuen Dimension des revolutionären Gedankens zugesprochen, da „der französische Mai eine Revolution neuen Typs (nicht nur neuen Stils) darstellte, der in Zukunft und permanent aus der Gesellschaft nicht mehr wegzudenken sein wird"[314]. Auch wurden Parallelen zu Maos „permanenter Revolution" im Sinne einer Bewusstseinsrevolution eines ganzen Volkes gezogen[315].

Die „Revolution" der Nationalrevolutionäre, verbunden mit einem radikal-progressiven Bewusstsein, beinhaltete insofern durchaus eine körperliche Dimension im Sinne permanenter Bewegung oder permanenter Veränderung:

> „Nicht wohliges Ausruhen in erstarrten Formen, sondern Dynamik, Zerstörung und Neuaufbau (...) Es gibt keine Vorschußlorbeeren in der Geschichte, sondern nur Progressivität oder Verfall"[316].

Auch die schon skizzierte Verwendung des Begriffes „Sozialismus" hatte oftmals eher Schlagwortcharakter. Der Sozialismus diente als Metapher für die wie auch immer geartete Utopie, der man entgegendrängte und -fieberte.

---

312 Eichberg, Nationalrevolutionäre Strömungen, S. 171.

313 Nationalrevolutionäres Programm, S. 6.

314 Eichberg, Henning, Mai 1968. Die französischen Nationalisten und die Revolte gegen die Konsumgesellschaft, in: Junges Forum (1969), H. 1, S. 2–23, S. 18.

315 Meinrad, Michael, Skizze eines dynamischen Nationalismus, in: Junge Kritik 1 (1970), S. 97–110, S. 100.

316 Eichberg, Totale Nation, S. 28.

Der zweite Bereich, in dem die Nationalrevolutionäre als links codierte Verhaltensweisen zeigten, betrifft die Ideologie - nicht ihre konkrete Ausformung, sondern das *Verhältnis zu Ideologie und Theorie* an sich.

> „Die alte Rechte verzichtet auf Theorie zugunsten von ‚Haltung', ‚Gemüt', ‚Pragmatismus' und Tradition. Ihre Intellektfeindlichkeit beantworten wir mit dem Willen zu rationaler, kritischer Analyse und wissenschaftlich begründeter Politik. Wir haben den Mut zur Weltanschauung"[317].

Mit diesem Bekenntnis zur Ideologie positionierten sich die Nationalrevolutionäre einerseits offensichtlich gegen die altrechts-konservative Generation, die Ideologien jedweder Couleur hauptsächlich als Gegenpol und Manipulation der objektiv erfassbaren Realität verstünde, andererseits auch gegen das ideologiefeindliche „Bloß-nicht-hindenken"[318], das die herrschende Auffassung der bundesrepublikanischen Demokratie kennzeichne. Weltanschaulich gefestigte Menschen erschienen in ihren Augen lediglich als Terroristen.

Dem wurde ein positives Verständnis der Funktion von Ideologien gegenübergestellt, die angesichts der zunehmenden Komplexität der Welt überhaupt erst eine geordnete und ordnende Erkenntnis ermöglichten. Eine geschlossene Weltanschauung sei

> „die Vermittlungsinstanz zwischen dem ursprünglichen Bewußtsein und der Realität, die in erster Instanz eine Widerspiegelung von verschiedenen Realitätsaspekten, in zweiter Instanz dann deren Entchaotisierung darstellt, also eine ordnende Funktion gegenüber der Komplexität der Umwelt einnimmt"[319],

eine Definition, die recht gut mit den strukturierten und strukturierenden Wahrnehmungsschemata korrespondiert, die Bourdieu beschrieb.

Diese Doppelfunktion des Habitus als strukturierte und strukturierende Struktur lässt viele Ideologieelemente innerhalb der nationalrevolutionären Theorie oder zumindest die Art ihrer Vermittlung auch in einem anderen Licht erscheinen: So grundlegend für die Theoriearbeit Henning Eichberg einen langen Aufsatz über die Entwicklung des Logischen Empirismus zum Zeitpunkt seiner Abfassung auch verstanden haben mag, kann man dessen Publikation in diesem Kontext auch als Positionierung im politischen Feld lesen, also als habituellen Akt. Gleiches gilt wohl auch für umfangreiche Beiträge beispielsweise zur Wirt-

---

317 Eichberg, Basis, S. 39

318 Eichberg, Logischer Empirismus, S. 119.

319 Malde, Axel, Ideologie-Begriff, in: Ideologie & Strategie 4 (1972), S. 2, S. 2.

schaftstheorie, die den Anspruch der Wissenschaftlichkeit und Seriosität der Nationalrevolutionäre unterstrichen. Neben der Ideologie an sich bekannten sich die Nationalrevolutionäre im Übrigen auch dezidiert zur Utopie als einen in die Zukunft projizierten Sehnsuchtsort, als „politische Aktualisierung des ethisch wertvollen Strebens nach Vervollkommnung"[320], ein Standpunkt, der in rechtskonservativen Kreisen als eindeutig links galt[321].

Immer wieder tauchte also das zentrale Motiv von der Notwendigkeit einer schnellen und gründlichen Theoriearbeit auf, mit der man der Dominanz des politischen Gegners auf dem Gebiete der Weltanschauungen, also den Marxisten oder der Linken, entgegentreten könnte. Zwar sei deren Theoriearbeit bereits weiter fortgeschritten als die erst jungen Bestrebungen auf der neurechten Seite, doch habe man durch die streng wissenschaftliche Fundierung, eine permanente kritische Weiterentwicklung und die rationale Durchdringung der nationalrevolutionären Theorie bereits die Fehler des Marxismus und seiner Anhänger vermieden.

Zusätzlich wollte man sich durch die die enge Verzahnung von Theorie und Praxis, also politischer Aktion, von den Marxisten unterscheiden, denen man praxis- und realitätsferne Orthodoxie vorwarf, die bis zur Ketzerverfolgung reichte. Unter dem Motto „Erprobung der Theorie in der Aktion, Kontrolle der Aktion in der Theorie"[322] versicherte man sich, die alltägliche politische Arbeit mit Richtung auf das große Ziel niemals zugunsten abgehobener Theoriedebatten zu vergessen, sich aber gleichzeitig auch nicht in sinnlosem Aktionismus zu verlieren. Aktivisten sollten sich permanent theoretisch rückkoppeln, Theoretiker gleichzeitig auch Realisten sein. Eine politische Aktion sei nur dann zu vertreten, wenn sie nach innen und außen als sinnvoll und konsequent in das Theoriegebäude eingepasst vermittelt werden könne[323].

Die Betonung der tiefgehenden Rationalität beim Theorieaufbau, durch deren radikale Kritik keine heiligen Kühe geschont würden, und die Faszination durch die (Natur)Wissenschaften, auf denen die Nationalrevolutionäre ihre Theorie aufbauten, hatten also eine Distinktionsfunktion insbesondere nach rechts hin: durch die Ablehnung des Konservatismus, der allerhöchstens eine Haltung darstelle, näherte man

---

320 Eichberg, Henning, Nationalismus ist Fortschritt. Antwort an einen Konservativen, in: Fragmente 15 (1969), S. 34–39, S. 35.

321 Ravensberg, Hermann, Selbstbehauptung ist notwendig, in: Fragmente 13 (1968), S. 35–40, S. 35.

322 Volkmann, Befreiungsnationalismus, S. 23.

323 Meinrad, Die politische Tat, S. 1.

sich strukturell an die Linke an, übertraf diese aber gleichzeitig an Realitätsbewusstsein und Modernität. Die Nationalrevolutionäre verstanden sich mit ihrer Theorie so als Speerspitze des politisch-ideologischen Fortschritts.

Theorie und Aktion wurden also als zwei Seiten derselben Medaille verstanden. Diese Dualität spiegelte sich auch im *Stil der Selbstrepräsentation* wieder, der Art der Vermittlung der Botschaften, ihrer Verpackung. Die nüchterne Rationalität des theoretischen Denkens, der Anspruch der Wissenschaftlichkeit und der strenge Intellektualismus der Theoretiker fanden sich in einem Stil wieder, der mit den Attributen Intellekt, Askese, Elitebewusstsein, Rationalität und Inklusion beschrieben werden kann.

Ein gutes Beispiel hierfür ist die Publikation *Ideologie & Strategie*, die seit Februar 1972 mit einer Auflage von etwa 1000 Exemplaren vierteljährlich von der Berliner Basisgruppe *Außerparlamentarische Mitarbeit* (APM) herausgegeben wurde. Für 30 Pfennig bekam der Käufer ein hektographiertes DIN A3-Blatt, doppelseitig sehr eng mit Schreibmaschinenschrift bedruckt. Der Titel *Ideologie & Strategie – Zentrales Kaderorgan nationalrevolutionärer Basisgruppen*, das völlig schmucklose und stets gleich bleibende Layout (siehe *Abbildung 1*), das völlige Fehlen von Kurzmeldungen, Kommentaren, Bildern oder sonstigen Trivia und das vergleichsweise hohe Niveau der zwei, selten drei Artikel, die nur mit Initialen unterzeichnet und unter optimaler Ausnutzung des spärlichen Platzes auf den Bogen gequetscht wurden, unterstrichen die intellektuell-asketische Stellung, die das Blatt für sich in Anspruch nahm.

Schon allein die Bezeichnung als Kaderorgan sowie die offensichtliche Schwerpunktsetzung auf grundlegende Themen der Theorieerarbeitung und politischen Strategie suggerierten dem Leser die Zugehörigkeit zu einem kleinen, auserwählten Kreis, einer „Elite der Wissenden“[324], die die anspruchsvolle Ideologiediskussion ernst- und gewissenhaft, ohne überflüssiges Beiwerk und auf allerhöchstem Niveau betrieb (auch wenn bei komplizierteren Themen gelegentlich ein Glossar zur Erklärung der verwendeten schwierigen Worte und Fachausdrücke beigefügt wurde).

Diesem Elitegestus nicht unbedingt entgegengesetzt, sondern den dynamischen Charakter der Theoriekonstruktion ergänzend, wurde in der gesamten nationalrevolutionären Publizistik jedoch niemals das Bild des einen theoretischen Genies mit Führungsqualitäten vermittelt, das aufgrund seiner Geistesschärfe ganz alleine den Marxismus aus den

---

324 Ebd., S. 2.

Angeln hebe. Vielmehr wurde die ständige Diskussion in der Gruppe und der nationalrevolutionären Gemeinschaft betont, in der „Ergebnisse und Erkenntnisse von endlosen Nachtgesprächen, von Diskussionen in Kellern und Kneipen oder in hochwissenschaftlichen ‚rechtsintellektuellen' Kreisen"[325] sich langsam zu einem geschlossenen Weltbild fügten. Generell erscheint das völlige Fehlen von Forderungen oder Sehnsüchten nach einer Führerfigur oder einem „starken Mann" als ein durchaus bemerkenswertes Abgrenzungsmerkmal der Nationalrevolutionäre zur Alten oder nationalsozialistischen Rechten, das noch nicht einmal als solches thematisiert wurde.

Dass im Zuge einer ästhetischen Selbstfindung dabei diverse Rollen, Stile oder Motive ausprobiert und auch wieder verworfen wurden, zeigt auf besonders deutliche Weise ein schon mehrmals zitierter, thematisch weitreichender Grundlagentext von 1970, der von Henning Eichberg und der an der Ruhr-Universität Bochum ansässigen Basisgruppe „Neuer Nationalismus" unter dem Titel „Über den Weg der abendländischen Rationalität - Das neue futuristische Manifest" publiziert wurde. In diesem umfassenden Pamphlet wurden die Revolten und Aufbrüche der jungen Generation als „neuer rationaler Futurismus, der die Wertefrage neu stellt und neu beantwortet"[326] gedeutet.

Zwar wird in dem Text Filippo Tommaso Marinettis *Manifesto futurista* von 1909 als Bezugspunkt erwähnt, jedoch keine konkrete ideologische Verbindung oder Gemeinsamkeit zwischen den Nationalrevolutionären und den Futuristen konstruiert. Vielmehr scheint es, als ob der Begriff Futurismus als habituelle Referenz dienen und mit neuem ideologischem Gehalt gefüllt werden sollte: Futurismus, gedeutet als „die gewollte Verlängerung der evolutiv begünstigten abendländischen Rationalität in die Zukunft hinein"[327], stellte eine ästhetische, emotionale Seite ebenjener okzidentalen Rationalität dar, die das Bedürfnis nach der großen Geste erfüllte. Allerdings war, wenn nicht das Motiv, so doch der Begriff des Futurismus in der relevanten Zielgruppe wohl doch nicht ohne weiteres anschlussfähig: Eine weitere Verwendung des Begriffs findet sich in den Quellen nicht.

Bei diesen pathetischeren Inszenierungen der Rationalität als ästhetisches Moment spielte auch immer wieder das Motiv des rastlosen Intellektuellen hinein, den seine streng rationalen Gedankengänge durch das vielbeschworene Tal des Nihilismus schon an den Rand der Ver-

---

325 Theorie und Aktion, in: Junges Forum (1971), H. 3, S. 4, S. 4.

326 Eichberg, Manifest, S. 13.

327 Ebd., S. 18.

zweiflung geführt hätten, bevor die Erkenntnisse der nationalrevolutionären Denker ihm den richtigen Weg gezeigt hatten:

> „Nur wer - nach Nietzsche - durch die Hölle des Nihilismus gegangen ist, wird fähig sein zu verstehen, zu handeln und zu heilen. Freilich gehört dazu viel Stärke, vor allem charakterlicher Art"[328].

Wo der alte Rationalismus sich selbst im Nihilismus abgeschafft hatte, begründete die neue Rationalität einen Sinn und ein Ziel, doch nicht ohne philosophische Rückschläge und Irrwege.

Diesen fast schon existenzialistisch anmutenden ästhetischen Stil vertrat auch die schon ab 1964 erscheinende, tiefschwarz eingebundene Zeitschrift *fragmente – gedanken für demokratie*, die in ihrem Nebeneinander von nationalrevolutionären, konservativen, ökologischen und schwerer einzuordnenden Autoren zwar kein dezidiert nationalrevolutionäres Organ war, in ihrer Selbstverortung in der ersten Ausgabe das vorherrschende Lebensgefühl einer beginnenden publizistischen Bewegung aber wohl gut auf den Punkt brachte:

> „Junge Menschen sprechen fragmentarisch - auch wenn jeder seinen letzten Stein als Stein der Weisheit empfindet. Nach Wochen liegt dann der Bauschutt herum"[329].

Relativ fragmentarisch wirkte folgerichtig auch das Nebeneinander von Theorieartikeln, aktuellen Analysen und Kommentaren, Hintergrundberichten, Gedichten und künstlerisch ambitionierten Kurzgeschichten.

Diese Stilisierung als ernsthafte, asketische, kulturell versierte und unbequem fragende Intellektuelle, die die Gruppenidentität einer geistigen Elite begründete, wurde ergänzt durch eine gänzlich andere Ästhetik, die mit den Attributen subversiv, unkonventionell, verspielt, locker, ironisch, jugendlich und provokant versehen werden kann.

Während unmittelbar ideologische Elemente eher in den Hintergrund traten, präsentierte man sich als Gegenbild zum verklemmten Spießer und Durchschnittsbürger, der klare Anweisungen brauchte, schwarz-weiß (bzw. schwarz-weiß-rot) dachte und Regeln von oben blindlings befolgte. Der nationalrevolutionäre Aktivist avancierte hier zum Unruhestifter, der seine behäbigen Mitbürger durch Provokation reizte: „Auch Deutsche sollten endlich begreifen, daß es notwendig ist, den

---

328 Meinrad, Michael, Notwendige Antwort an einen „alten" Rechten, in: Junges Forum (1971), H. 2, S. 24–27, S. 26.

329 Ausgerechnet Bruchstücke?, in: Fragmente 1 (1964), S. 3, S. 3.

städtischen Rasen zu betreten"[330]. Selbstbezeichnungen als „Avantgarde des politischen Kampfes"[331] oder „Bohème"[332] reicherten dieses Bild mit Assoziationen aus dem Bereich der progressiven Kunst an.

Neben den schon erwähnten Protest- und Revoltesongs äußerte sich dieser Stil beispielsweise in der betont verspielten Aufmachung der Zeitschrift *laser – nationalrevolutionäre perspektiven für eine sozialistische demokratie*, die mit verschiedenen Schriftarten, zahlreichen Karikaturen schon auf dem Titelblatt, einem abwechslungsreichen Layout und einer großen Bandbreite an Themen eindeutig ein breiteres Publikum ansprechen wollte als die bisher erwähnten Theorieblätter (siehe *Abbildung* 2).

An ein jüngeres Publikum wandte sich schon im Titel die Publikation *Rebell – Flugschrift für Schüler und andere Jugendliche*, die zweimonatlich erschien und kostenlos besonders auf Schulhöfen, aber auch zur Agitation beispielsweise in Kneipen verteilt wurde. Die Angaben der Auflagenhöhe schwanken zwischen 2.000[333] und 17.000[334], dürften also ein deutlich größeres Publikum erreicht haben als die bisher erwähnten Publikationen.

Der ebenfalls im DIN A3-Format erscheinende *Rebell* brachte neben Kurzmeldungen und auf ein etwas niedrigeres Niveau heruntergebrochenen Theorieartikeln, in denen oft eine gewisse „Wir-gegen-die"-Rhetorik vorherrschte, Gedichte, Zitate, Rezensionen, Karikaturen, Kleinanzeigen und Aufrufe zur Mitarbeit. Die politisch-agitatorischen Beiträge wurden dabei aber auch immer wieder mit unpolitischen Elementen aufgelockert, beispielsweise einer lobenden Rezension zur neuesten Langspielplatte des Komikers Otto Waalkes[335]. In der Sache gab sich der *Rebell* kämpferisch, im Ton ironisch-provokant; ein Kommentar zur Ostpolitik der sozialliberalen Koalition etwa wurde in Form eines Theaterstücks mit den Herren „Billy Brandwein, Hainer Warzel und F.J. Stuß" satirisch verpackt[336].

Abseits von Zeitschriften und Zeitungen versuchten die Nationalrevolutionäre auch, der gefühlten Übermacht der Linken im öffentlichen Raum durch eigene Präsenz entgegenzutreten, beispielsweise durch

---

330 Meinrad, Hilfe, S. 20.

331 Epstein, Strategie, S. 22.

332 Eichberg, Manifest, S. 17.

333 Pröhuber, Nationalrevolutionäre, S. 42.

334 Flugblatt der APM, abgedruckt in: Bartsch, Revolution, S. 205.

335 Otto-live im Audimax, in: Rebell 3 (1973), H. 4, S. 2, S. 2.

336 Knuff, Roderich, Polit-Theater. Tragikomödie von Billy Brandwein, Hainer Warzel und F.J. Stuß, in: Rebell (1972), H. 5, S. 2.

Aufkleber und Flugblätter mit prägnanten Slogans. Bezeichnend für die Suche nach dem eigenen Weg und die penible Abgrenzung von den ideologischen Nachbarn in diesem Gebiet ist ein Artikel in der *fragmente* von 1971, in dem die bei den Demonstrationen 1970 in Kassel skandierten Kampfrufe einer kritischen Überprüfung unterzogen wurden. Bei aller gezeigten Militanz und Kompromisslosigkeit müsse man sich - zumindest um eine Identifizierung der Nationalrevolutionäre mit gewaltbereiten Rechten zu verhindern - vor Parolen wie „Deutsches Land wird nicht verschenkt, eher wird der Brandt gehängt" oder „Brandt an die Wand" streng distanzieren, da dies „die Sprache Krimineller, die Politik mit Terror verwechseln, die zum Verbrechen auffordern, vielleicht schon Verbrechen planen"[337] sei.

Vorzuziehen seien ideologisch ambivalentere, kapitalismuskritische Slogans wie „Zerschlagt die Plutokraten-Fesseln, stürzt die Bonzen von den Sesseln", „Weg mit Ulbricht und mit Brandt - Alle Macht in Arbeiterhand" und „Solidarisieren - mitmarschieren! Höchste Zeit: Aktionseinheit". Von der passiv-konservativen Rechten wollte man sich hier trotz futuristischem Furor durch konstruktive Aussagen, durch ein eigenes Konzept von der Zukunft absetzen.

Auch in Großpackungen bestellbare Aufkleber zur Besetzung des öffentlichen Raumes (eine bei autonomen Gruppierungen bis heute beliebte Strategie) hatten mit ihrer Revolutionsrhetorik eher progressiven Charakter und beinhalteten kaum traditionell rechte Schlagworte, beispielsweise „Gegen rote, braune, schwarze Reaktion - Nationalrevolution" (siehe *Abbildung 3)* oder „Gegen kommunistische und kapitalistische Ausbeutung - für ein geeintes, demokratisches, sozialistisches Deutschland!"[338]. Für jedermann von links bekannte Schlagworte verwendete auch ein 1970 bei einer Demonstration von der Bochumer Basisgruppe verteiltes Flugblatt, das „unter der den Trotzkisten (gegen deren Protest) entwendeten Parole stand: ‚Die Spaltung Deutschlands ist die Spaltung des deutschen Proletariats'"[339].

---

337 Waldmann, Gert, Parolen, in: Fragmente 25 (1971), S. 30–32, S. 31.

338 Zentral hergestellte Hand- und Klebezettel für Basisgruppen. Oktoberkampagne 73, abgedruckt in: Bartsch, Revolution, S. 287.

339 Eichberg, Basisgruppe Neuer Nationalismus, S. 6.

Ästhetisch standen die Nationalrevolutionäre also in der Schnittmenge zwischen dem asketischen Intellektuellen und dem jugendlichen Provokateur, ohne darin maßgebliche Anleihen von der Linken zu sehen. Entlehnungen in Bezug auf die *Theorie politischer Aktionsformen* gab man schon eher zu. Die folgenden Ausführen befassen sich dabei mehr mit der Frage, wie die Nationalrevolutionäre über ihre Organisationsformen sprachen und welche Funktionen sie haben sollten. Wie viel davon tatsächlich umgesetzt wurde, steht auf einem anderen Blatt.

Die wichtige Frage, ob man versuchen solle, der nationalrevolutionären Bewegung auf dem parlamentarischen Weg, also durch Gründung einer Partei im Rahmen des Grundgesetzes, Geltung zu verschaffen, wurde zwar nicht aus Prinzip mit Nein beantwortet. Insbesondere das Scheitern der NPD bei der Bundestagswahl 1969 hatte hier aber wohl eine abschreckende Wirkung gehabt: Einer eindeutig national ausgerichteten Wahlpartei wurde einfach keine Chance auf Erfolg eingeräumt.

In seiner großangelegten Strategiediskussion für die nationalrevolutionäre Bewegung identifizierte Alexander Epstein die Defizite der NPD als folgende Punkte, die er wohl gleichzeitig als wichtigste Faktoren für die langfristige Erfolgsaussicht einer nationalen (oder jeder politischen) Bewegung verstand:

> „Die NPD-Führung hat (...) zur Beruhigung der Kritiker in den eigenen Reihen die Parole vom ‚langen Marsch' ausgegeben, die offenbar ohne weitere Reflexion von der Linken übernommen wurde. Dabei befindet sich aber diese Rechte in einer gänzlich anderen Ausgangsposition. Sie hat weder Macht oder Einfluß in Universitäten, Schulen, Großparteien, Massenorganisationen, Massenmedien, Länder- und Staatsverwaltung, noch besitzt sie bisher die nötige Kaderorganisation, die finanziellen Mittel und die Dynamik einer sich ausbreitenden Ideologie, vom desolaten Zustand der Infrastruktur ganz zu schweigen. Es fehlen ihr also sämtlichen Mindestvoraussetzungen für einen ‚langen Marsch'"[340].

Neben der Ideologiediskussion, die die Nationalrevolutionäre ja als vornehmlichen Unterschied zur älteren rechten Generation für sich beanspruchten, sah man also insbesondere die Schaffung einer neuen Infrastruktur von Aktivisten und die Erringung einer kulturellen Hegemonie durch Unterwanderung der Institutionen von der Basis her als die wichtigsten Erfolgsfaktoren – ein Konzept, das nicht unwesentlich an den Begriff der Metapolitik erinnert, der von Alain de Benoist durch

---

340 Epstein, Strategie, S. 15f.

die Rezeption der Schriften des italienischen Kommunisten Antonio Gramsci geformt wurde und im neurechten Milieu bis heute rezipiert wird[341].

Dieses Konzept der revolutionären Arbeit von unten her manifestierte sich in der teilweise etwas revolutionsromantisch verklärten Organisationsform der voneinander unabhängigen Basisgruppen, der „kleinsten Zellen im organisatorischen Gewebe, (…) die eigentlichen Bausteine der Bewegung“[342]. Dieser offen von der Linken übernommene Begriff[343] bezeichnete in der Theorie eine informelle, nicht hierarchisch strukturierte Gruppe von ca. 10-20 Personen, bei deren regelmäßigen Zusammenkünften die Diskussion politischer Theorie mit der Planung politischer Aktionen zusammenfallen sollte. Idealerweise sollten diese Basisgruppen innerhalb einer Institution wie einer Universität oder einem Großbetrieb entstehen – die Idee der Basisarbeit bezog sich sowohl auf die Basis der Institutionen, im engeren Sinne vor allem die der Produktionsstätten, wie auch der nationalrevolutionären Bewegung und des gesamten Volkes.

Langfristig sollten die Basisgruppen ein bundesweit aktives, flexibles Netzwerk von Aktivisten weben, das jederzeit einen „entnervenden Trommelwirbel“[344] der Aktion und Propaganda entfachen könne. Günter Bartsch sah in der dezentralisierten Form der Basisgruppe einen Beleg für die Einwirkung des antiautoritären Geistes auf die neurechten Studenten: „Sie tranken an derselben Quelle wie die Neue Linke“[345].

Obwohl auch Wert auf gemeinschafts- und gruppenidentitätsstiftende Freizeitaktivitäten wie Feste, Zeltlager und Sport gelegt wurde, standen die Qualität der einzelnen Mitglieder und die Ernsthaftigkeit der politischen Arbeit im Mittelpunkt des Basisgruppenkonzeptes. Hohe Mitgliedsbeiträge (monatlich 20 DM für Berufstätige, 10 DM für Studenten und 5 DM für Schüler) sollten die finanzielle Unabhängigkeit der Gruppe sichern und das Engagement der Mitglieder unter Beweis stellen; die Mitgliedschaft in anderen örtlichen Parteien oder Verbänden sei

---

341 Pfahl-Traughber, Armin, Die „Umwertung der Werte“ als Bestandteil einer Strategie der „Kulturrevolution“. Die Begriffsumdeutung von „Demokratie“ durch rechtsextremistische Intellektuelle, in: Gessenharter, Wolfgang (Hg.): Die neue Rechte - eine Gefahr für die Demokratie?, Wiesbaden 2004, S. 73–94, S. 77.

342 Epstein, Alexander, Basisgruppen-Arbeit, in: Ideologie & Strategie 3 (1972), S. 1–2, S. 1.

343 Eichberg, Basisgruppe Neuer Nationalismus, S. 5.

344 Meinrad, Antwort, S. 25.

345 Bartsch, Revolution, S. 136.

nur zu tolerieren, wenn die Chance auf eine ideologische Beeinflussung dieser durch das nationalrevolutionäre Mitglied bestünde[346].

Ziel der Basisgruppen war also neben der Schaffung einer nationalrevolutionären Infrastruktur, einer ideologischen Beeinflussung des Volkes von der Basis der Institutionen und der Planung von Aktionen mit Signalwirkung vor allem die Entstehung eines ideologischen Kaders. In diesem ebenfalls von der Linken entlehnten Begriff flossen im nationalrevolutionären Verständnis die Basisarbeit, der Elitegedanke, die theoretische Arbeit und die tatsächliche Aktion zusammen. Der Kadergedanke spiegelte sich auch in den strengen Aufnahmeregelungen der SdV wieder: Kandidaten mussten sich einer in der Regel sechsmonatigen Probezeit unterwerfen, in der relevante Schriften erworben und studiert, organisatorische oder publizistische Aufgaben übernommen und an sämtlichen lokalen und überregionalen Schulungen teilgenommen werden mussten. Am Ende dieser Probezeit entschied der Zentralrat der Organisation über die Aufnahme, nicht die jeweilige Basisgruppe[347].

Der Weg zur nationalen Einheit und Revolution führte also in der Theorie langfristig vom Aufbau einer Gruppe von „alternativen, weder ‚rechten' noch ‚linken' sondern fortschrittlichen Kadern der Theorie, Publizistik und Organisation"[348], der Erstellung und Vermittlung einer schlüssigen Ideologie mit verbindlicher Sprachregelung, der Aufstellung eines koordinierenden Führungsgremiums und der Bildung einer publizistischen Infrastruktur hin zu der Formierung einer breiten Bewegung mit populistischen Zügen und einem politischen Profil jenseits überkommener ideologischer Pole wie ‚links' und ‚rechts'. Uneins war man sich über die Frage, ob am Ende dieses Weges der Erfolg einer Wahlbewegung mit nationalrevolutionärem Programm möglich wäre oder sich das Volk außerparlamentarisch seine Befreiung erkämpfen müsse[349]. Die Notwendigkeit einer breiten Basis blieb aber unumstritten.

Dies äußerte sich auch in der Vielzahl von Zielgruppen, die die nationalrevolutionären Agitatoren im Auge hatten. Dabei ist bezeichnend,

---

346 Epstein, Basisgruppen-Arbeit, S. 1.

347 Bartsch, Revolution, S. 170.

348 Eichberg, Henning, Eine komplexere Strategie ist nötig, in: Junges Forum (1972), H. 1, S. 13–14, S. 14.

349 Gegen den bewaffneten revolutionären Kampf wurde unter anderem, wohl leicht ironisch, die mangelnde geographische Eignung Deutschlands für eine Guerilla-Kriegsführung und die fehlende Protektion durch einen „großen Bruder" angeführt, vgl. Meinrad, Die politische Tat, S. 2.

dass in der Strategiediskussion relativ explizit unterschieden wurde zwischen den eigentlichen Zielgruppen der politischen Arbeit, die für das richtige politische Denken erst gewonnen werden müssten, und einem eigenen Lager, das nur noch auf nationalrevolutionäre Linie gebracht werden müsse.

Zur ersten Gruppe wurde natürlich insbesondere die Jugend gezählt – Schüler, Studenten, Landjugend, Lehrlinge, junge Arbeiter und Bauern, die mit jeweils eigenen Publikationen umworben werden sollten[350]. Dabei wurde Wert darauf gelegt, die spezifischen Probleme und Gründe zur Unzufriedenheit der jeweiligen Gruppe als Aufhänger zur Agitation zu nutzen und sie im nationalrevolutionären Sinne umzudeuten. In einem späteren Stadium der Bewegung sollte auch die Mittelschicht als wichtigster Träger populistischer Protestbewegungen Ziel der politischen Arbeit werden.

Interessanter ist die Behandlung der zweiten Gruppe, die ohne Begründung als zum eigenen Lager gehörig verstanden wurde. Dies ist insofern vielsagend, als dass sich die meisten Angehörigen dieser politischen Strömungen eine Einordnung als im Prinzip nationalrevolutionär wohl recht entschieden verbeten hätten: Neben den sozialistisch orientierten Angehörigen der rechten Parteien NPD und UAP bzw. deren Jugendorganisationen und den oppositionell gesinnten Flügeln der CDU/CSU und der Vertriebenenverbände zählten dazu auch alle antisowjetisch eingestellten antiautoritären, trotzkistischen und maoistischen Gruppen, sämtliche gesellschaftspolitisch-oppositionellen Projektgruppen und sogar oppositionelle Gruppen in der Sozialdemokratie, generell eigentlich „alle ‚rechten' und ‚linken' Gruppen (insbesondere der jungen Generation), die sich außerhalb des durch die genannten Träger repräsentierten ‚Systems' stellen und also den Status quo bekämpfen"[351].

Obwohl dies niemals explizit erwähnt wurde, wird in dieser Selbsteinschätzung recht deutlich, dass die ideologischen Anknüpfungspunkte an verwandte politische Strömungen offenbar als sekundär verstanden wurden. Der revolutionäre Habitus schien ein stärkeres Band zu sein, als ideologische Differenzen vermuten lassen würden.

Ein weiterer Grund, (ehemalige) Angehörige der Linken als potentielle Mitstreiter zu umgarnen, lag in einer angesichts des intellektuellen Selbstverständnisses der Nationalrevolutionäre so ironisch wie ehrlich anmutenden Bestandsaufnahme des rechten Lagers: Dass die Rechte in

---

350 Epstein, Strategie, S. 26f.

351 Eichberg, komplexere Strategie, S. 14.

der Vergangenheit versagt hatte, der intelligenten, suchenden Jugend eine Alternative zu bieten, hatte zur Folge, dass die besten politischen Kräfte zum allergrößten Teil nach links abgewandert waren: „Der Rechten blieben die intellektuell weniger Anspruchsvollen"[352]. Auch wenn die nationalrevolutionäre Bewegung für sich in Anspruch nahm, auf diesem Gebiet inzwischen einiges an Aufholarbeit geleistet zu haben und die intellektuelle Rechte aufgrund ihrer fehlenden Bindungen sowohl an überholte Klassiker als auch an bestehende politische Systeme weitaus attraktiver für Freigeister als die Linke sei, sei es dennoch kontraproduktiv, sich von vornherein als Antilinke zu profilieren – der bevorzugte Schlag von Menschen, die „freiheitlich-humanistischen Rebellen"[353], sei immer noch vorzugsweise bei den Linken zu finden.

Mit den Linken, nicht unbedingt mit der Linken, wollte man sich dann auch im Rahmen einer kurzfristigen Strategie in Projektgruppen zur politischen Arbeit zusammenfinden, entsprechend des Leitgedankens des „revolutionären Idealismus als Theorie und kühlen Realismus in der Praxis"[354]. Diese Projekte, gewöhnlich von den örtlichen Basisgruppen initiiert, sollten sich gewöhnlich sehr konkreter Probleme annehmen und verknüpften damit nationalrevolutionäre Agitation mit lokalem Protest, beispielsweise bei einer von der Basisgruppe Kempten initiierten Unterschriftensammlung gegen den nahegelegenen Bau einer Raketenstellung[355]. Oftmals beinhalteten diese Projekte aber auch die Mitwirkung an größeren Protestbewegungen, meist im Zuge der Anti-Atomkraft-Bewegung oder ökologischen Bürgerinitiativen. Gelegentlich kam es auch zu bundesweiten Aktionen wie einer Unterschriftensammlung für das Verbot von Beraterverträgen und gegen Korruption[356] oder einer Solidaritätsaktion mit der IRA. Letztere wurde insbesondere als Gelegenheit gesehen, rechtzeitig „den linken Kräften, die auf Solidarisierung mit der IRA spekulieren, eine Abfuhr zu erteilen und weite Kreise der Bürgerschaft (…) zu interessieren"[357].

Neben diesen Aktivitäten, die eher darauf abzielten, eine breite Basis an Interessenten zu schaffen, führten die Basisgruppen natürlich auch klassischere politische Aktionen wie Demonstrationen, Flugblattver-

352 Epstein, Strategie, S. 9.

353 Ebd., S. 23.

354 Meinrad, Die politische Tat, S. 1.

355 Meldung über Unterschriftensammlung gegen den Bau einer Raketenstellung, in: Rebell 3 (1973), H. 4, S. 2, S. 2.

356 Über 10.000 Bürger, in: Rebell 3 (1973), H. 4, S. 1, S. 1.

357 Meinrad, Irland, S. 34.

breitung und die Organisation von Vorträgen, Diskussionsabenden, politischen Frühschoppen und Informationsständen durch, bei denen es gelegentlich auch zu handfesten Prügeleien mit politischen Gegnern kam. Eine gewisse Sonderstellung hatte dabei die West-Berliner APM inne, nicht nur wegen ihrer vergleichsweise beachtlichen Größe von etwa 40 Mitgliedern und dem Vielfachen an Sympathisanten, sondern auch wegen der durch die permanente Konfrontation mit der Realität der deutschen Teilung rechtfertigten hohen Radikalität in der Praxis.

Diese äußerte sich in zahlreichen Veranstaltungen, großangelegten Flugblatt- (150.000 verteilte Blätter) und Plakataktionen und jährlichen Demonstrationen am 13. August an der Berliner Mauer mit bis zu 800 Teilnehmern, aber auch durch Aktivitäten, die durchaus als eine mildere Form des politischen Terrors (oder als rechte Form eines Go-Ins) gewertet werden können:

> „Gegen einzelne Vertreter der Status quo-Politik werden als Maßnahmen die Besuche ihrer Vorträge bevorzugt, die dann entweder zum Abbruch gebracht (...) oder durch massive und pausenlose Diskussionsbeiträge der Vertreter der Neuen Rechten umgestaltet werden (...). Es werden bei diesen personenbezogenen Aktionen gelegentlich auch Politiker in ihren Privatwohnungen aufgesucht (so Klaus Schütz) [Regierender Bürgermeister von Berlin, B.S.] und zur Rede gestellt. Dabei empfiehlt es sich, in der Form höflich und korrekt zu verfahren, in der Sache jedoch hart und eindeutig"[358].

Überdies fiel die Gruppe durch ein hohes Maß an Organisation auf. Neben der Herausgabe diverser Zeitungen und Zeitschriften betrieb die APM seit Mitte 1970 ein Ladenzentrum in Neukölln. In diesem zunächst *1871* getauften, Ende 1971 jedoch in *barricade* umbenannten Treffpunkt fanden vor allem wöchentliche Vorträge mit anschließender Diskussion und Strategietreffen statt. Durch einen Getränkeausschank und das Auslegen zahlreicher neurechter Zeitungen, Zeitschriften und Kassetten diente er aber auch als informeller Treffpunkt (siehe *Abbildung 4*).

Ob die Nationalrevolutionäre mit einer genügend großen Zahl von Mitstreitern noch aufsehenerregendere und noch eindeutiger mit der Linken konnotierte Aktionsformen wie politische Happenings, Sit-Ins oder Performances durchgeführt hätten, geht aus den Quellen nicht hervor, kann aber für zumindest möglich gehalten werden. Dennoch ist ersichtlich, dass sich der Stil der politischen Arbeit der Nationalrevolutionäre explizit von dem der traditionellen Rechten bzw. der Konserva-

---

358 Epstein, Außerparlamentarische Mitarbeit, S. 13.

tiven unterscheiden sollte: „Kreise ziehen, nicht Sportpalast-Seelenmassage – das ist echte Untergrundarbeit“[359].

359 Meinrad, Die politische Tat, S. 2.

6. „Linke Leute von Rechts"?

Konnten die Nationalrevolutionäre ihren selbstgewählten Anspruch, die traditionelle Einteilung in politische Lager aufbrechen zu wollen, tatsächlich erfüllen? Nach der Untersuchung ihrer politischen Theorie, ihrer Selbstverortung und ihres Habitus kann diese Ausgangsfrage nicht beantwortet werden, ohne die eingangs erwähnten Definitionen dieser Pole zu erörtern.

Aus einer gewissen Distanz heraus muss aber zumindest der Versuch, die tatsächlichen Inhalte traditionsrechter Ideologie konkret einer Veränderung oder Entwicklung zu unterziehen, als weitestgehend rhetorisch geblieben beurteilt werden. Trotz der Kritik an der Ablehnung von Intellekt und Theorie, die an der Alten Rechten geübt wurde, trotz der vermeintlichen wissenschaftlichen Unterfütterung der nationalrevolutionären Ideologie, trotz der Ablehnung von hierarchisierenden Kriterien und der Zelebrierung von Unterschiedlichkeiten und trotz aller vermutlich auch tatsächlich ernst gemeinten Respekts-, Solidaritäts- und Hilfsbeteuerungen gegenüber allen zu sich selbst findenden Völkern der Erde lief auch der Ethnopluralismus und der Sozialismus des nationalen Weges auf die Schaffung einer ethnisch und kulturell homogenen Gesellschaft mit Zusammengehörigkeitsgefühl heraus. Nach Mathias Brodkorbs Definition von links und rechts als Gegensatz von Ideologien der Inklusion und Exklusion lässt sich die Theorie der Nationalrevolutionäre damit eindeutig der rechten Seite zuordnen, woran auch ihre Sozialismuskonzeption und der europäische Bezug nichts ändert.

Dieser Befund, den insbesondere Margret Feit als Enttarnung des rechten Wolfes im linken Schafspelz feiert, ist jedoch gerade in Verbindung mit Werturteilen zu kurz gegriffen: Die Feststellung, dass man lediglich „formal Bestandteile des Diskurses der politischen Linken übernahm"[360], eigentlich jedoch in rechten Mustern verhaftet blieb, interpretiert die Bemühungen der Neudefinition der politischen Lagergrenzen lediglich als bewussten Versuch, die politische Linke, als Gesinnungsgenosse getarnt, mit rechtsextremistischem Gedankengut zu unterwandern. Diese Deutung nimmt die Intentionen und das Selbstverständnis der Nationalrevolutionäre jedoch von vornherein nicht ernst.

Ideologisch war die Schnittmenge zur Traditionsrechten jedoch, wie bereits dargestellt, hoch. Es ist daher überlegenswert, über die Grenzen

---

360 Pfahl-Traughber, Rechtsextremismus, S. 45.

eines ideologiebasierten Begriffes der Pole links und rechts hinauszudenken und andere Zugriffe einer kritischen Prüfung zu unterziehen. Anregungen für einen solchen alternativen Zugang kommen ausgerechnet von Henning Eichberg, in dessen neueren Publikationen das Volk als Subjekt der Demokratie aus der körperlichen Praxis heraus verstanden wird[361]. In einem ergänzenden Essay zu seiner Monographie zu diesem Thema sah er nach dem Scheitern aller Versuche, eine Position jenseits von links und rechts zu etablieren, die faktische Unvereinbarkeit der beiden wie auch immer gearteten Pole als gegeben an. Gleichzeitig warnt er aber davor, politische Ideologien in ihrer Funktion als Grundlage einer Definition für die Pole zu überschätzen: Diese seien in der modernen Demokratie lediglich ein „Überbau“[362].

Einen grundsätzlicheren Zugang zu beiden Richtungen biete vielmehr die körperliche Praxis. Konkret erweise sich diese beispielsweise in der Repräsentation des Körpers in politischen Systemen: Rechts sei eher der maskuline, trainierte Körper, der sich beispielsweise in den Statuen Josef Thoraks und Arno Brekers zeige; rechte Politiker von Mussolini und Oswald Mosley bis hin zu Silvio Berlusconi inszenierten sich gerne in einem Kontext des Athletentums. Auf einer abstrakteren Ebene würden Vorstellungen eines organischen, rassereinen Staates hierin ihre Entsprechung finden. Auch die Verehrung, Ästhetisierung und „Theatralisierung“[363] des Militärs seien Merkmale der Rechten, womit offenkundig der Faschismus, aber auch Stalinismus und Maoismus dieser Seite zugeordnet würden.

Links finde man hingegen eher den ideologisch asketischen oder auch vernachlässigten Körper; die linke Seite stelle die Inszenierung des Wortes, der Diskussion, der Kritik und des Happenings, des spontanen Ereignisses über die des trainierten Körpers.

Eichberg leitet diese Zweiteilung politischer Positionen aus der alltäglichen Erfahrung der zwei menschlichen Hände ab, die (zumindest für Rechtshänder) zwei einander ausschließende, aber sich ergänzende Gegensätze bildeten: Die rechte Hand, die Hand des „Handelns“ und „Hantierens“, der Waffe und des „Machens“, repräsentiere die Seite der Entscheidung und des Entscheiders, der Autorität, auf einer politischen

---

361 Eichberg, Henning, The people of democracy. Understanding self-determination on the basis of body and movement, Århus, 2004.

362 Eichberg, Henning, Rechte Hand, linke Hand und keine dritte. Über die Zweiteilung politischer Positionen, 2003, online verfügbar unter http://static.sdu.dk/mediafiles//Files/Om_SDU/Centre/C_isc/Q_filer/qHE2003_5.pdf.

363 Ebd.

Ebene auch die der Macht, der Machtausübung, des Durchregierens und des konkreten Gestaltens. Die linke Hand hingegen handle nur selten selbst: Ihre Aufgabe sei das Erzeugen von Gegendruck, sie halte, korrigiere und unterstütze. Auf politische Positionen bezogen bedeute dies, dass die klassische Rolle der Linken nicht in der Machtausübung, sondern in der Opposition liege: Links sei die Kritik, auch in ihrer Form als prinzipielle, ziellose und unkonstruktive Verhinderung, die Theorie, die Diskussion, das Nachdenken, das Revoltieren und Reformieren, das Denken von unten, von der Basis.

Im Spannungsfeld dieser zwei Grundpositionen der Machtausübung von oben bzw. der Machtkritik von unten, die sich jeweils zu den gesellschaftlichen Mächten Staat, Markt und Zivilgesellschaft bzw. Volk positionierten, käme es dann zu der Formierung tatsächlicher ideologischer Standpunkte wie einer „staatsorientierten Linken" oder einer „zivilgesellschaftlichen Rechten".

Eichberg sieht in diesem Zugang, den er im Übrigen auf einen Gedanken von Sebastian Haffner aufbaute[364], zwar keine „objektive biologische ‚Realität', sondern eine gesellschaftliche Konstruktion, die sich – aus der konfrontativen Praxis moderner Demokratie heraus – auf körperlich-konkrete Erfahrungen der Menschen bezieht"[365]. Dennoch sei eine Überwindung oder Erweiterung dieses Spektrums nicht denkbar; so wie der Mensch nur zwei Hände habe, sei der politische Dualismus von links und rechts nicht aufzubrechen.

Ob dieser Befund in seiner Herleitung aus der körperlichen Praxis so endgültig stehengelassen werden muss, kann bezweifelt werden, schon alleine weil er die prinzipielle Dichotomie in der Einordnung politischer Positionen als unveränderlich versteht. Auch lässt sich eine apologetische Komponente in Eichbergs Theorie vielleicht nicht ganz wegdenken. Dennoch bietet die Trennung von politischer Ideologie und Habitus eine Möglichkeit, die Nationalrevolutionäre exakter einzuordnen, als es rein über ihre Ideologie möglich wäre: Wenn man für einen linken Standpunkt konstitutiv nicht einzelne Ideen, sondern vielmehr einen Habitus ansieht, der die von Eichberg skizzierten Elemente des Linken enthält – Revolte, Kritik, Intellekt, Theorie, Ironie, Zersetzung, Protest, Militanz –, ergibt die Bezeichnung als „linke Leute von Rechts" in der Tat Sinn.

---

364 Haffner, Sebastian, Rechts und links, in: Ders., Im Schatten der Geschichte. Historisch-politische Variationen aus 20 Jahren, Stuttgart 1985, S. 231–234, S. 233.

365 Eichberg, Rechte Hand.

Die Nationalrevolutionäre hätten diesem Gedanken zufolge also nicht rein formale Elemente des linken Diskurses übernommen und damit die rechte Ideologie rhetorisch modernisiert, sondern hätten einen in der Tat linken Standpunkt mit Ideologieelementen und Symbolen verknüpft, die bisher als rechts galten. Nationalismus war also nicht mehr konservativ, sondern fortschrittlich, die Einteilung in Rassen nicht mehr chauvinistisch, sondern human, rot nicht mehr Symbol eines reaktionären Systemkommunismus, „sondern auch Farbe eines revolutionären Nationalismus“[366].

Ob sich die Nationalrevolutionäre dieser Deutung ihres Standpunktes angeschlossen hätten, ist fraglich, schließlich führten sie Unterschiede zwischen ihrer Ideologie und der der Alten Rechten als grundlegend für die scharfe Abgrenzung an. Dennoch lesen sich manche Selbstbeschreibungen aus dieser Zeit wie ein Vorgriff auf diese Interpretation der „linken Leute von Rechts“: Zu Beginn der 70er Jahre bezeichnete Henning Eichberg sich und seine Freunde in einem Brief an Günter Bartsch zwar personell als der Rechten entstammend, „ihre geistige Struktur entspräche aber voll und ganz dem Ansatz des Denkens der Neuen Linken“[367].

Ohne die Verwendung des Begriffes der „geistigen Struktur“ hier als im Sinne Bourdieus überzuinterpretieren, deckt sich diese Formulierung mit den unterschiedlichen Ergebnissen der Traditionskonstruktion in den Aufsätzen von Axel Malde und Henning Eichberg. Beide konstatierten das Fehlen einer gemeinsamen ideologischen Basis, sahen dies jedoch nicht notwendig als Schwäche an: Verbunden fühlen könnte man sich im Prinzip lediglich auf der Basis der gemeinsamen revolutionären Grundhaltung. Ähnlich kann man die Suche nach potentiellen Verbündeten interpretieren. Obwohl es gewisse ideologische Vorbehalte gegenüber Anhängern des Marxismus gab, verortete man sich mit seinem linken Revoluzzerhabitus deutlich näher an der Neuen Linken, den Maoisten und generell allen systemoppositionellen Kräften als an den Alten Rechten (und Alten Linken), ordnete also die ideologischen Differenzen den habituellen Gemeinsamkeiten unter. Bemerkenswert in diesem Zusammenhang ist auch die Trennung der „linken Leute von Rechts“ als Eigenbezeichnung von den „rechten Leuten von Links“[368], den Nationalkommunisten, mit denen man nichts mehr gemein habe.

---

366 Waldmann, Parolen, S. 32.

367 Bartsch, Revolution, S. 130.

368 Eichberg, Totale Nation, S. 36.

Es würde über den Rahmen dieser Studie hinausgehen, zu untersuchen, ob eine derartige Deutung der politischen Lager bei der damaligen Linken anschlussfähig gewesen wäre. Wahrscheinlicher erscheint es, dass zumindest die personelle Herkunft der nationalrevolutionären Aktivisten von der Rechten eine tatsächliche langfristige Zusammenarbeit oder ein Gemeinsamkeitsgefühl unterbunden hätte - alleine das Bewusstsein der Systemopposition und eine ähnliche Rhetorik hätten vermutlich für eine gemeinsame Front nicht gereicht, solange den Nationalrevolutionären der Ruch der Ex-Neonazis anhaftete. Überdies stellt sich die Frage, ob die für einen analytischen Zugriff fruchtbare Trennung zwischen Habitus und ihm übergebaute Ideologie in der Realität nicht doch Überschneidungen aufweist oder vielmehr umgekehrt verläuft - Ideologien sich also ihnen angemessene Körperlichkeiten schaffen.

Gegen diesen Einwand werden die Nationalrevolutionäre aber gerade in ihrer Bedeutungslosigkeit zum Argument: Entstanden als „Neue Rechte", als „linke" Reformer des rechten Lagers, bewegten sie sich zu großen Teilen im Laufe der folgenden Jahre und Jahrzehnte theoretisch und persönlich immer mehr auf etablierte linke Positionen zu: Biologie und Rasse wichen der Kultur als identitätsstiftendes Element, der NRKA und *laser* wurden „quasisozialistisch"[369], die Forderung nach wahrer Verwirklichung der Demokratie immer stärker.

Im Gespräch mit dem Journalisten Toralf Staud beschrieb Henning Eichberg im Nachhinein die Zeit der Ideologieerarbeitung in den Basisgruppen als frustrierend, da man das Ziel einer rein rationalen Herleitung traditionsrechter Ideologeme letztlich nicht erreicht hätte: „Immer wieder seien sie [die Nationalrevolutionäre, B.S.] auf logische Widersprüche gestoßen, an Grenzen, es ließ sich einfach nicht ernsthaft begründen"[370]. Während hier der Fokus auf die zweifellos vorhandenen logischen Widersprüche innerhalb der Ideologiediskussion gelegt wurde, kann man die Widersprüche auch als Spannungen zwischen gelebtem Habitus und angestrebter Ideologie interpretieren: Die von den Nationalrevolutionären stolz vor sich hergetragene „humanistische Gesinnung" und die daraus abgeleitete „unanfechtbare moralische Position"[371] waren in der Realität wohl doch nicht so einfach mit der Vision einer unter ethnischen Gesichtspunkten zerteilten Welt zu vereinen, wie man es sich in der Theorie vorgestellt hatte.

---

369 Feit, Neue Rechte, S. 60.

370 Staud, Moderne Nazis, S. 85.

371 Nationalrevolutionäre Merkmale, in: Ideologie & Strategie 7 (1973), S. 1–2, S. 2.

Wechselwirkungen zwischen Ideologie und Habitus sind also vorhanden. Dennoch erscheint die Wirkmacht des letzteren zumindest so gegeben, dass eine Weiterentwicklung der hier gegebenen Gedankenanstöße sich von einer rein ideologischen politischen Analyse und Lagereinteilung hin zu einer allgemeineren Theorie politischer Körper zumindest erwägenswert scheint, auch wenn dies den Rahmen dieser Studie in der Tat sprengen würde. Die Nationalrevolutionäre bieten jedoch als Ausgangspunkt, wie gezeigt wurde, das beste Beispiel hierfür.

Ein weiterer Grund, diese marginale politische Strömung der 70er Jahre nicht zu vergessen, ist so beunruhigend wie aktuell: Während die NPD seit der Übernahme des Parteivorsitzes durch Udo Voigt Elemente eines nationalen Sozialismus in ihre Rhetorik einfließen lässt, sich als revolutionäre Anti-Systempartei profiliert und in Ostdeutschland an positive Erinnerungen an die DDR anknüpft[372], bilden die *Autonomen Nationalisten* die am schnellsten wachsende Gruppe innerhalb der Neonazi-Szene. Mit der Übernahme von Kleidungsstil und Aktionsformen linksautonomer Gruppen richtet sich ihr Agitationsschwerpunkt gegen Kapitalismus, US-Imperialismus und Globalisierung[373], ein Auftreten, das die zumindest in der Öffentlichkeit offensichtlich scheinenden Grenzen zwischen links und rechts verwischt[374].

Am direktesten knüpfen jedoch andere Gruppierungen an die Nationalrevolutionäre der 70er Jahre an: Eine „Gesinnungsgemeinschaft nationalrevolutionärer Organisationen, Zeitschriftenredaktionen, Aktivisten und Publizisten aus Deutschland, Österreich und der Schweiz" schloss sich 2010 erneut zur *Sache des Volkes* (SdV) zusammen, die sich in ihrer Grundsatzerklärung dem „sozialrevolutionären Nationalis-

---

372 Staud, Moderne Nazis, S. 52.

373 Bundesministerium des Inneren (Hg.), Verfassungsschutzbericht 2010, Berlin 2011, S. 65.

374 Ähnliche Tendenzen, insbesondere die direkte Bezugnahme auf den Ethnopluralismus, zeigt jüngst beispielsweise auch die islamfeindliche, in Frankreich entstandene Jugendbewegung *Die Identitären* (Vgl. hierzu Scholz, Robert, Die Identitären – Strohfeuer oder neue Jugendbewegung?, online bei www.endstation-rechts.de/index.php?option=com_k2&view=item&id=7811:die-identit%C3%A4ren-strohfeuer-oder-neue-jugendbewegung?&Itemid=773.

mus"[375] verschrieb. Die Rhetorik vom Volk, der Nation, der Revolution und dem Sozialismus scheint wieder offene Ohren zu finden.

375 Grundsatzerklärung der Sache des Volkes (SdV), online bei: http://sachedesvolkes.wordpress.com/2010/03/31/grundsatzerklarung-der-sache-des-volkes-sdv/.

Abbildungen

IDEOLOGIE & STRATEGIE

ZENTRALES KADERORGAN NATIONALREVOLUTIONÄRER BASISGRUPPEN

Ausgabe 5 — Berlin, Februar 1973 — 30 Pfennig

Nationalismus und Soziologie

Problematik

Die entstandene Lage

Die politischen Ursachen

Abbildung 1: Vorderseite einer Ausgabe der Zeitschrift „Ideologie & Strategie", mit freundlicher Genehmigung des Duisburger Instituts für Sprach- und Sozialforschung

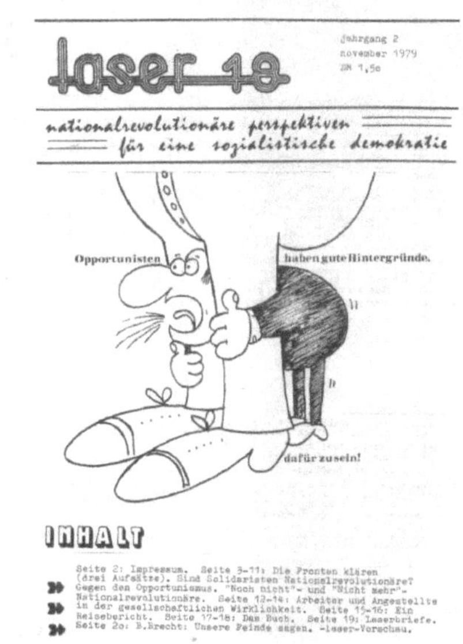

laser 18

jahrgang 2
november 1979
DM 1,5o

nationalrevolutionäre perspektiven für eine sozialistische demokratie

INHALT

Seite 2: Impressum. Seite 3-11: Die Fronten klären (drei Aufsätze). Sind Solidaristen Nationalrevolutionäre? Gegen den Opportunismus. "Noch nicht"- und "Nicht mehr"-Nationalrevolutionäre. Seite 12-14: Arbeiter und Angestellte in der gesellschaftlichen Wirklichkeit. Seite 15-16: Ein Reisebericht. Seite 17-18: Das Buch. Seite 19: Leserbriefe. Seite 2o: B.Brecht: Unsere Feinde sagen. -laser-Vorschau.

Abbildung 2: Titelbild einer Ausgabe der Zeitschrift „laser", mit freundlicher Genehmigung des Duisburger Instituts für Sprach- und Sozialforschung

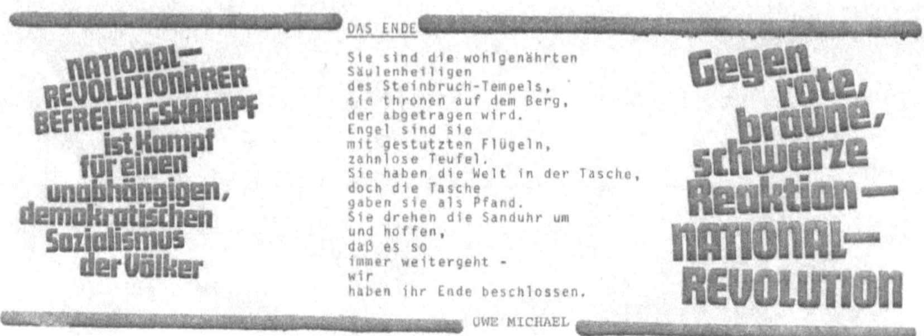

Abbildung 3: Muster von Aufklebern und ein Gedicht, abgedruckt in: „Rebell" 3 (1973), H. 4, S. 2, mit freundlicher Genehmigung des Duisburger Instituts für Sprach- und Sozialforschung

Abbildung 4: Innenansicht des APM-Ladenzentrums „1871", später in „barricade" umbenannt, abgedruckt in: Bartsch, Revolution, S. 113.

Quellen- und Literaturverzeichnis

Quellen

O.N., Vorwort, in: Nation Europa 1 (1951), H. 1, S. 3–7.

O.N., Ausgerechnet Bruchstücke?, in: Fragmente 1 (1964), S. 3.

O.N., Vorbemerkung, in: Junges Forum (1964), H. 1, S. 1.

O.N., Theorie und Aktion, in: Junges Forum (1971), H. 3, S. 4.

O.N., Der Nationalrevolutionäre Weg, in: Rebell (1972), H. 7, S. 1–2.

O.N., Ethnopluralismus. Weltordnung ohne Denkfehler, in: Im Brennpunkt (1972), H. 3-4, S. 22–24.

O.N., Rasse & IQ. Interview mit Prof A. Jensen, in: Im Brennpunkt (1972), H. 3-4, S. 25–29.

O.N., Nation und Revolution, in: Rebell (1972), H. 5, S. 1.

O.N., Freiheit für Litauen!, in: Rebell (1972), H. 7, S. 2.

O.N., Nahost-Konflikt: Die Großmächte sind die Aggressoren!, in: Rebell 3 (1973), H. 4, S. 2.

O.N., Das marxistische Menschenbild ist falsch!, in: Rebell 3 (1973), H. 4, S. 1.

O.N., Otto-live im Audimax, in: Rebell 3 (1973), H. 4, S. 2.

O.N., Meldung über Unterschriftensammlung gegen den Bau einer Raketenstellung, in: Rebell 3 (1973), H. 4, S. 2.

O.N., Über 10.000 Bürger, in: Rebell 3 (1973), H. 4, S. 1.

O.N., Nationalrevolutionäre Merkmale, in: Ideologie & Strategie 7 (1973), S. 1–2.

O.N., Manifest der Sache des Volkes, in: Rebell 4 (1974), H. 2-4, S. 1–2.

O.N., „Wir handeln nur über Kimme und Korn", in: DER SPIEGEL (1975), H. 35, S. 28–30.

O.N., Aufs Butterbrot geschmiert, in: Junges Forum (1975), H. 3, S. 17.

O.N., Tendenzwende: Jeder fühlt den neuen Wind, in: DER SPIEGEL (1975), H. 1, S. 19–20.

O.N., Nationalismus konkret, in: Neue Zeit (1976), H. 1, S. 9–11.

O.N., Sozialismus konkret, in: Neue Zeit (1976), H. 1, S. 6–8.

O.N., Nationalismus, in: Nationalrevolutionär 1 (1977), S. 3–31.

O.N., Vorbemerkung, in: Nationalrevolutionär 2 (1978), S. 4.

O.N., Eichbergs Seite auf der Homepage der Universität von Süddänemark: http://www.sdu.dk/staff/heichberg.

O.N., Grundsatzerklärung der Sache des Volkes (SdV), online verfügbar bei: http://sachedesvolkes.wordpress.com/2010/03/31/grundsatzerklarung-der-sache-des-volkes-sdv/.

5. Zentralkongreß der Sache des Volkes (Hg), Das Nationalrevolutionäre Programm, in: Nationalrevolutionär 2 (1978), S. 5–16.

Aktion Neue Rechte, Manifest einer europäischen Bewegung, abgedruckt in: Junges Forum (1972), H. 1, S. 15–18.

Arbeitskreis Junges Forum, Thesen des Neues Nationalismus, in: Junges Forum (1972), H. 1, S. 3–12.

Arndt, Ernst, Pierre Drieu la Rochelle. Ein Europäer zwischen den Fronten, in: Junges Forum (1976), H. 1, S. 3–13.

Bartsch, Günter, Sache des Volkes (nationalrevolutionär) und Solidaristen, in: Criticón 26 (1974), S. 272.

Bartsch, Günter, Das okzidentale Syndrom in der Konzeption Henning Eichbergs. Theorie, Wert und Problematik, in: Criticón (1974), H. 5, S. 215–216.

Bartsch, Günter, Revolution von Rechts?, Freiburg im Breisgau 1975.

Eichberg, Henning, Manövernacht, in: Nation Europa 13 (1963), H. 3, S. 14.

Eichberg, Henning, „Wie hältst du's mit der Tradition?". Die Gretchenfrage der Bundeswehr, in: Nation Europa 15 (1965), H. 3, S. 41–42.

Eichberg, Henning, Auch dies ist Europa, in: Nation Europa 16 (1966), H. 1, S. 31–32.

Eichberg, Henning, Nationalismus ist Fortschritt. Zu Gast in einem Arbeitslager französischer Studenten, in: Nation Europa 17 (1967), H. 1, S. 47–49.

Eichberg, Henning, Nationalismus ist Fortschritt. Eine Studie über die jungen fortschrittlichen Nationalisten in Frankreich um die Zeitschrift EUROPE-ACTION, in: Junges Forum (1967), H. 1, S. 1–17.

Eichberg, Henning, Rechtsopposition in Schweden. Konservative Kritik in einer ziellosen Gesellschaft, in: Junges Forum (1968), H. 2, S. 1–24.

Eichberg, Henning, Mai 1968. Die französischen Nationalisten und die Revolte gegen die Konsumgesellschaft, in: Junges Forum (1969), H. 1, S. 2–23.

Eichberg, Henning, Nationalismus ist Fortschritt. Antwort an einen Konservativen, in: Fragmente 15 (1969), S. 34–39.

Eichberg, Henning, Die Jugend an die Macht?, in: Nation Europa 20 (1970), H. 1, S. 27–33.

Eichberg, Henning, Sozialismus von „Rechts“. Ein historischer Abriß, in: Junges Forum (1970), H. 2, S. 3–27.

Eichberg, Henning, Über den Weg der abendländischen Rationalität. Das neue futuristische Manifest, in: Junges Forum (1970), H. 5, S. 3–24.

Eichberg, Henning, Totale Nation? Europäischer Nationalismus und die Öffnung nach vorn, in: Junge Kritik 1 (1970), S. 9–42, zuerst erschienen unter dem Titel Provokation II, in: Junges Forum (1967), H. 3.

Eichberg, Henning, Nationalismus und Demokratie, in: Junge Kritik 1 (1970), S. 43–60.

Eichberg, Henning, „Modernismus“ oder irrationale Hingabe?, in: Junge Kritik 1 (1970), S. 71–76.

Eichberg, Henning, Basis für eine neue Politik, in: Nation Europa 21 (1971), H. 6, S. 36–40.

Eichberg, Henning, Nationalismus und Leistungsgesellschaft. Zur gesellschaftlichen Funktion von Integrationsideologien, in: Criticón (1971), H. 6, S. 128–131.

Eichberg, Henning, Basisgruppe Neuer Nationalismus an der Ruhruniversität Bochum, in: Junges Forum (1971), H. 3, S. 5–8.

Eichberg, Henning, Rationales und Irrationales - Zur Begriffsklärung, in: Junges Forum (1971), H. 3, S. 15–17.

Eichberg, Henning, Eine komplexere Strategie ist nötig, in: Junges Forum (1972), H. 1, S. 13–14.

Eichberg, Henning, Vorbemerkung zu Michael Meinrad, Die Antwort des Neuen Nationalismus, in: Junges Forum (1972), H. 6, S. 3–4.

Eichberg, Henning, Nichtchristlicher Atheismus, in: Criticón (1972), H. 10, S. 82–83.

Eichberg, Henning, Konservativer Anarchismus in der amerikanischen Jugend? Zur Typologie, Periodisierung und Kritik des Konservatismus, in: Criticón (1972), H. 12, S. 168–169.

Eichberg, Henning, Neue Nationalismen in Europa. Verhaltenswandel in den 60er Jahren?, in: Junges Forum (1973), H. 1, S. 3–22.

Eichberg, Henning, „Mondsucht“. Zur Zeitgeschichte der Technik und des okzidentalen Syndroms, in: Junges Forum (1973), H. 2, S. 3–31.

Eichberg, Henning, Warum sind wir Sozialisten?, in: La Plata Ruf 66 (1973), S. 20–21.

Eichberg, Henning, Logischer Empirismus, in: Junge Kritik 3 (1973), S. 89–132.

Eichberg, Henning, Unsere Erkenntnistheorie, in: Ideologie & Strategie 7 (1973), S. 1.

Eichberg, Henning, Irischer Befreiungskampf, in: Ideologie & Strategie (1973), H. 7, S. 1.

Eichberg, Henning, Ethnopluralismus. Eine Kritik des naiven Ethnozentrismus und der Entwicklungshilfe, in: Junges Forum (1973), H. 5.

Eichberg, Henning, „Entwicklungshilfe" - Verhaltensumformung nach europäischem Modell? Universalismus, Dualismus und Pluralismus im interkulturellen Vergleich, in: Zeitschrift für Wirtschafts- und Sozialwissenschaften 93 (1973), S. 641–670.

Eichberg, Henning, Lernprozeß, in: Ideologie & Strategie 10 (1974), S. 1–2.

Eichberg, Henning, Nationalrevolutionäre Strömungen im modernen Europa, in: Burschenschaftliche Blätter (1974), H. 7, S. 169–172.

Eichberg, Henning, Nation Europa - Europa der Völker. Eine Kritik und Alternative zum bürgerlichen Europakonzept (I), in: Burschenschaftliche Blätter (1974), H. 8, S. 206–209.

Eichberg, Henning, Nation Europa-Europa der Völker. Eine Kritik und Alternative zum bürgerlichen Europakonzept (II), in: Burschenschaftliche Blätter (1975), H. 1, S. 3–7.

Eichberg, Henning, Verteidigung der Kultur oder Befreiung der Kulturen?, in: Junges Forum (1975), H. 3, S. 3–16.

Eichberg, Henning, Ökonomische Faktoren der industriellen Revolution, in: Nitschke, August (Hg.): Verhaltenswandel in der industriellen Revolution. Beiträge zur Sozialgeschichte, Stuttgart 1975, S. 9–20.

Eichberg, Henning, Der Umbruch des Bewegungsverhaltens. Leibesübungen, Spiele und Tänze in der Industriellen Revolution, in: Nitschke, August (Hg.): Verhaltenswandel in der industriellen Revolution. Beiträge zur Sozialgeschichte, Stuttgart 1975, S. 118–135.

Eichberg, Henning, Wie kaputt ist die olympische Idee? Ethnopluralismus gegen Sport-Universalismus, in: Neue Zeit (1976), H. 4, S. 16–21.

Eichberg, Henning, Keltentum und Sozialismus, in: Neue Zeit (1977), H. 2, S. 8–17.

Eichberg, Henning, Von der Eigentümlichkeit des anderen, in: Eichberg, Henning (Hg.): Nationale Identität. Entfremdung und nationale Frage in der Industriegesellschaft, München 1978, S. 7–14.

Eichberg, Henning, Entwicklungshilfe. Verhaltensumformung nach europäischem Modell?, in: Eichberg, Henning (Hg.): Nationale Identität. Entfremdung und nationale Frage in der Industriegesellschaft, München 1978, S. 39–86.

Eichberg, Henning, Nationalrevolutionäre. Verhaltenswandel in den 1960er Jahren?, in: Eichberg, Henning (Hg.): Nationale Identität. Entfremdung und nationale Frage in der Industriegesellschaft, München 1978, S. 113–130.

Eichberg, Henning; Stöss, Richard; Knödler-Bunte, Eberhard, Wir sind eben doch Deutsche. Gespräch über nationalrevolutionäre Perspektiven, in: Ästhetik und Kommunikation 10 (1979), H. 2, S. 125–130.

Eichberg, Henning, Der Weg des Sports in die industrielle Zivilisation, Baden-Baden 1979.

Eichberg, Henning, Nationalismus als antifaschistische Arbeit? Ein Gespräch über die nationale Frage, in: Dudek, Peter; Jaschke, Hans-Gerd (Hg.): Revolte von Rechts. Anatomie einer neuen Jugendpresse, Frankfurt a.M. 1981, S. 170–187.

Epstein, Alexander, Außerparlamentarische Mitarbeit (APM), Berlin, in: Junges Forum (1971), H. 3, S. 8–14.

Epstein, Alexander, Zur Strategie und Taktik des nationalrevolutionären Kampfes, in: Junges Forum (1971), H. 5, S. 3–33.

Epstein, Alexander, Basisgruppen-Arbeit, in: Ideologie & Strategie 3 (1972), S. 1–2.

E. Z., Ferdinand Lassalle, in: Ideologie & Strategie 32 (1979), S. 1–2.

Grabowski, Manfred, Nationalismus ist Wille zur Freiheit, in: Junge Kritik 1 (1970), S. 111–118.

Joß, Fritz, Das Eigentum an Produktionsmitteln. Anregungen für die gesellschafts- und wirtschaftspolitische Arbeit, in: Junges Forum (1970), H. 1, S. 3–19.

Joß, Fritz, Gastarbeiter. Das neue Proletariat, in: Junges Forum (1973), H. 3, S. 3–19.

Joß, Fritz, Neuordnung der Wirtschaft, in: Junge Kritik 3 (1973), S. 48–87.

Joß, Fritz, Warum eine neue Gesellschaftspolitik?, in: Junges Forum (1976), H. 4, S. 3–10.

Katschmarek, Kurt, Macht und Herrschaft im Kapitalismus, in: laser 4/5 (1978), S. 7–10.

Katschmarek, Kurt, Europa-Wahl? Ohne uns!, in: laser 13 (1979), S. 25.

Knuff, Roderich, Polit-Theater. Tragikomödie von Billy Brandwein, Hainer Warzel und F.J. Stuß, in: Rebell (1972), H. 5.

Körber, Michael, Die Fronten klären!, in: laser 2 (1979), H. 18, S. 3–11.

Malde, Axel, Zur Geschichte der nationalrevolutionären Bewegung in Deutschland, in: Junges Forum (1971), H. 4, S. 3–22.

Malde, Axel, Nationalismus, in: Ideologie & Strategie 3 (1972), S. 1–2.

Malde, Axel, Ideologie-Begriff, in: Ideologie & Strategie 4 (1972), S. 2.

Malde, Axel, Alte Rechte - Neue Rechte, in: Ideologie & Strategie 4 (1972), S. 1–2.

Malde, Axel; W.H., Menschenbild und Nationalismus, in: Ideologie & Strategie 16 (1975), S. 1–2.

Meinrad, Michael, Skizze eines dynamischen Nationalismus, in: Junge Kritik 1 (1970), S. 97–110.

Meinrad, Michael, Hilfe, die Faschisten kommen!, in: Im Brennpunkt (1970), H. 3, S. 15–23.

Meinrad, Michael, Nationalismus und Militarismus, in: Junges Forum (1971), H. 1, S. 3–12.

Meinrad, Michael, Notwendige Antwort an einen „alten“ Rechten, in: Junges Forum (1971), H. 2, S. 24–27.

Meinrad, Michael, Parlamentarismus und Elitebildung, in: Nation Europa 21 (1971), H. 2, S. 21–28.

Meinrad, Michael, Nationalismus heißt Solidarität, in: Junge Kritik 2 (1971), S. 7–18.

Meinrad, Michael, Die politische Tat, in: Ideologie & Strategie 1 (1972), S. 1–2.

Meinrad, Michael, Freiheitskampf in Irland, in: Fragmente 29 (1972), S. 32–35.

Meinrad, Michael, Die Antwort des Neuen Nationalismus, in: Junges Forum (1972), H. 6, S. 3–27.

Meinrad, Michael, Neue Linke - Neue Rechte, in: Ideologie & Strategie 6 (1973), S. 1–2.

Meinrad, Michael, Idealismus und Rationalismus als Einheit, in: Fragmente 32 (1973), S. 31–34.

Meinrad, Michael, Das Prinzip Nationalismus, in: Junge Kritik 3 (1973), S. 7–16.

Mourreau, Jean-Jaques, Eugenik. Historischer Überblick, in: Junges Forum (1972), H. 5, S. 3–29.

Nöck, Hartmut, Modernismus über alles?, in: Junge Kritik 1 (1979), S. 61–69.

Ohlendorf, Bruno, Wider „konkrete Utopien“ von neurechts, in: Fragmente 30 (1972), H. 24-28.

Penz, Lothar, Nationalismus und „unbewältigte Vergangenheit", in: Junges Forum (1964), H. 1, S. 2–5.

Penz, Lothar, Die Revolution ist anders! Der europäische Rationalismus am Ende seiner Möglichkeiten, in: Junges Forum (1971), H. 2, S. 3–20.

Pröhuber, Karl-Heinz, Die Nationalrevolutionäre Bewegung in Westdeutschland, Hamburg 1980.

Ravensberg, Hermann, Selbstbehauptung ist notwendig, in: Fragmente 13 (1968), S. 35–40.

Reinhardt, Udo, Vortrag über Ernst Niekisch im November 1979 (I), in: Ideologie & Strategie 34 (1980), S. 1–2.

Reinhardt, Udo, Vortrag über Ernst Niekisch im November 1979 (II), in: Ideologie & Strategie 35 (1980), S. 1–2.

Rieger, Jürgen, Darf es noch progressiver sein?, in: Junges Forum (1971), H. 2, S. 21–23.

Stöss, Richard, Väter und Enkel. Alter und Neuer Nationalismus in der Bundesrepublik, in: Ästhetik & Kommunikation 9 (1978), H. 32, S. 35–58.

Strauss, Wolfgang, Trotz allem - wir werden siegen! Nationalistische Jugend des Ostens im Kampf gegen Kolonialismus, Imperialismus, Stalinismus und Arbeiterunterdrückung, München 1969.

Strauss, Wolfgang, Nationalrevolution und Moral, in: Ideologie & Strategie 28 (1978), S. 1–2.

Vernier, Ettore, Freiwillige für Europa. Waffen-SS und europäischer Nationalismus, in: Junges Forum (1975), H. 6, S. 3–11.

Volkmann, Alexander, Befreiungsnationalismus, in: Fragmente 36 (1974), S. 19–24.

Waldmann, Gert, Amerika heute - und morgen Europa?, in: Fragmente 11 (1967), S. 30–33.

Waldmann, Gert, Sechs Thesen zum modernen Nationalismus, in: Fragmente 12 (1968), S. 18–20.

Waldmann, Gert, Spaniens nationalistische Jugend. Jenseits von Kommunismus und Kapitalismus, in: Fragmente 16 (1969), S. 31–34.

Waldmann, Gert, Von der Linken lernen. Respektlose Gedanken eines jungen Nationalisten, in: Nation Europa 19 (1969), H. 8, S. 23–24.

Waldmann, Gert, Konzept eines europäischen Nationalismus. Gert Waldmann ergänzt seine „Sechs Thesen", in: Junge Kritik 1 (1970), S. 80–82.

Waldmann, Gert, Der alte Faschismus und der neue Nationalismus, in: Fragmente 20 (1970), S. 30–33.

Waldmann, Gert, Umweltschutz und profitorientierte Gesellschaft, in: Fragmente 23 (1970), S. 3–7.

Waldmann, Gert, Parolen, in: Fragmente 25 (1971), S. 30–32.

Waldmann, Gert, Sind Christentum und Marxismus geistig überholt?, in: Fragmente 31 (1972), S. 11–14.

Waldmann, Gert, Das realistische Menschenbild (I), in: Ideologie & Strategie 8 (1973), S. 1–2.

Waldmann, Gert, Verhaltensforschung und Politik, in: Junge Kritik 3 (1973), S. 17–47.

W.H., Menschenbild und Sozialismus (I). Ansatzpunkt und Grundlagen einer humanen Gesellschaftsordnung, in: Ideologie & Strategie 17 (1976), S. 1–2.

W.H., Marxismus-Kritik, in: Ideologie & Strategie 18 (1976), S. 1–2.

W.M., Nationalismus und Soziologie, in: Ideologie & Strategie 5 (1973), S. 1–2.

Literatur

Assheuer, Thomas; Sarkowicz, Hans, Rechtsradikale in Deutschland. Die alte und die neue Rechte, München 1992

Bobbio, Norberto, Rechts und Links. Gründe und Bedeutungen einer politischen Unterscheidung, Berlin 1994.

Bourdieu, Pierre, Zur Soziologie der symbolischen Formen, Frankfurt am Main 1970.

Bourdieu, Pierre, Die feinen Unterschiede. Kritik der gesellschaftlichen Urteilskraft, Frankfurt am Main 1982.

Bourdieu, Pierre, Sozialer Raum und „Klassen". Zwei Vorlesungen, Frankfurt am Main 1985.

Bourdieu, Pierre, Die Regeln der Kunst. Genese und Struktur des literarischen Feldes, Frankfurt am Main 1999.

Brodkorb, Mathias, Metamorphosen von rechts. Eine Einführung in Strategie und Ideologie des modernen Rechtsextremismus, Münster 2003.

Der Bundesminister des Innern (Hg), Verfassungsschutzbericht 1977, Bonn 1978.

Bundesministerium des Inneren (Hg.), Verfassungsschutzbericht 2010, Berlin 2011.

Dudek, Peter; Jaschke, Hans-Gerd, Entstehung und Entwicklung des Rechtsextremismus in der Bundesrepublik, Wiesbaden 1984.

Eichberg, Henning, Rechte Hand, linke Hand und keine dritte. Über die Zweiteilung politischer Positionen, 2003, online verfügbar unter http://static.sdu.dk/mediafiles//Files/Om_SDU/Centre/C_isc/Q_filer/qHE2003_5.pdf.

Eichberg, Henning, The people of democracy. Understanding self-determination on the basis of body and movement, Århus, 2004.

Feit, Margret, Die „Neue Rechte" in der Bundesrepublik. Organisation, Ideologie, Strategie, Frankfurt/Main 1987.

Greß, Franz; Jaschke, Hans-Gerd, Rechtsextremismus in der Bundesrepublik nach 1960. Dokumentation und Analyse von Verfassungsschutzberichten, München 1982.

Greß, Franz; Jaschke, Hans-Gerd; Schönekäs, Klaus (Hg.), Neue Rechte und Rechtsextremismus in Europa. Bundesrepublik, Frankreich, Großbritannien, Opladen 1990.

Haffner, Sebastian, Rechts und links, in: Ders., Im Schatten der Geschichte. Historisch-politische Variationen aus 20 Jahren, Stuttgart 1985, S. 231–234.

Heni, Clemens, Salonfähigkeit der Neuen Rechten. „Nationale Identität", Antisemitismus und Antiamerikanismus in der politischen Kultur der Bundesrepublik Deutschland 1970 - 2005. Henning Eichberg als Exempel, Marburg 2007.

Joas, Hans; Knöbl, Wolfgang, Sozialtheorie. Zwanzig einführende Vorlesungen, Frankfurt am Main 2004.

Hörning, Karl, Kultur als Praxis, in: Jaeger, Friedrich; Liebsch, Burkhard (Hg.): Handbuch der Kulturwissenschaften, Bd. 1, Stuttgart [u.a.] 2004, S. 139–151.

Kailitz, Steffen, Politischer Extremismus in der Bundesrepublik Deutschland. Eine Einführung, Wiesbaden 2004.

Kopke, Christoph, Die „Aktion Widerstand" 1970/71. Die „nationale Opposition" zwischen Sammlung und Zersplitterung, in: Livi, Massimiliano (Hg.): Die 1970er Jahre als schwarzes Jahrzehnt. Politisierung und Mobilisierung zwischen christlicher Demokratie und extremer Rechter, Frankfurt am Main [u.a.] 2010, S. 249–262.

Pfahl-Traughber, Armin, „Konservative Revolution" und „Neue Rechte". Rechtsextremistische Intellektuelle gegen den demokratischen Verfassungsstaat, Opladen 1998.

Pfahl-Traughber, Armin, Rechtsextremismus in der Bundesrepublik, München 1999.

Pfahl-Traughber, Armin, Die „Umwertung der Werte“ als Bestandteil einer Strategie der „Kulturrevolution“. Die Begriffsumdeutung von „Demokratie“ durch rechtsextremistische Intellektuelle, in: Gessenharter, Wolfgang (Hg.): Die neue Rechte - eine Gefahr für die Demokratie?, Wiesbaden 2004, S. 73–94.

Schwingel, Markus, Bourdieu zur Einführung, Hamburg 1995.

Scholz, Robert, Die Identitären – Strohfeuer oder neue Jugendbewegung?, online verfügbar bei www.endstation-rechts.de/index.php?option=com_k2&view=item&id=7811:die-identit%C3%A4ren-strohfeuer-oder-neue-jugendbewegung?&Itemid=773.

Staud, Toralf, Moderne Nazis. Die neuen Rechten und der Aufstieg der NPD, Bonn 2006.

Stöss, Richard, Rechtsextreme Parteien in Westeuropa, in: Niedermayer, Oskar (Hg.), Die Parteiensysteme Westeuropas, Wiesbaden 2006, S. 521–563.

Virchow, Fabian, Faschistische Tatgemeinschaft oder weltanschauliche Kaderschmiede? Systemoppositionelle Strategien der bundesdeutschen Rechten nach 1969, in: Livi, Massimiliano (Hg.): Die 1970er Jahre als schwarzes Jahrzehnt. Politisierung und Mobilisierung zwischen christlicher Demokratie und extremer Rechter, Frankfurt am Main [u.a.] 2010, S. 229–248.

Zeitfracht Medien GmbH
Ferdinand-Jühlke-Straße 7
99095 Erfurt, Deutschland
produktsicherheit@kolibri360.de